甘肃政法大学工商管理学科建设丛书

新型城镇化驱动居民消费的效应研究

XINXING CHENGZHENHUA QUDONG JUMIN XIAOFEI DE XIAOYING YANJIU

王平/著

中国财经出版传媒集团

经济科学出版社
Economic Science Press

图书在版编目（CIP）数据

新型城镇化驱动居民消费的效应研究／王平著．
—北京：经济科学出版社，2020.5
（甘肃政法大学工商管理学科建设丛书）
ISBN 978 - 7 - 5218 - 1538 - 2

Ⅰ.①新… Ⅱ.①王… Ⅲ.①城市化 – 影响 –
居民消费 – 研究 – 中国 Ⅳ.①F126.1

中国版本图书馆 CIP 数据核字（2020）第 075544 号

责任编辑：杜　鹏　常家凤
责任校对：刘　昕
责任印制：邱　天

新型城镇化驱动居民消费的效应研究
王　平/著
经济科学出版社出版、发行　新华书店经销
社址：北京市海淀区阜成路甲 28 号　邮编：100142
编辑部电话：010 - 88191441　发行部电话：010 - 88191522
网址：www. esp. com. cn
电子邮箱：esp_bj@ 163. com
天猫网店：经济科学出版社旗舰店
网址：http://jjkxcbs. tmall. com
固安华明印业有限公司印装
710 × 1000　16 开　10.75 印张　200000 字
2020 年 5 月第 1 版　2020 年 5 月第 1 次印刷
ISBN 978 - 7 - 5218 - 1538 - 2　定价：52.00 元
（图书出现印装问题，本社负责调换。电话：010 - 88191510）
（版权所有　侵权必究　打击盗版　举报热线：010 - 88191661
QQ：2242791300　营销中心电话：010 - 88191537
电子邮箱：dbts@ esp. com. cn）

前　言

　　城镇化作为现代产业的集聚过程、人口的集中过程和人们的生活方式由自给自足为主向依靠市场购买为主转变等过程的统一，必然极大地拉动市场消费规模扩大和居民消费能力提升。新型城镇化作为中国以人口城镇化替代土地城镇化的新战略，释放国内居民的消费潜力更是其重要战略目标之一。这一战略在应对全球金融危机对我国出口和投资产生的巨大冲击方面已经发挥了重要作用，并将继续发挥拉我国经济持续增长的作用。2017 年，我国最终消费支出对 GDP 的贡献率为 58.8%，与发达国家相比仍有较大提升空间，同时，我国城镇化也正处于加速推进阶段。因此，通过新型城镇化拉动消费需求进而驱动经济增长仍然是我国经济持续增长的重要着力点。基于此，本书提出了"新型城镇化驱动居民消费的机理到底是怎样的、我国新型城镇化驱动居民消费的实际效果到底如何"这一重要问题，并试图沿着"问题提出—理论梳理—机理分析—现实考察—实证检验—制度改进"这一逻辑思路对此问题进行系统性的回答。

　　在理论研究方面，本书主要做了两项工作：（1）对新型城镇化的内涵进行了界定、对经典消费理论进行了梳理和归纳，认为城镇化是生产力与生产关系发展到一定阶段的必然结果，其最终目的是实现人的全面发展。新型城镇化是马克思"人本思想"在中国的必然延展和要求，其核心是农民工的市民化，实质是对我国城镇化过程中出现的问题的再调整及生产力与生产关系的再适应，目的是进一步提升全体居民的获得感、幸福感。居民消费影响因素众多，与新型城镇化相契合的因素主要体现在收入及财富、消费习惯、公共支出"三大"方面，这框定了本书的研究范畴。（2）对新型城镇化如何促进居民消费提升的效应机理进行了逻辑推理。从理论上看，新型城镇化虽然不是居民消费的直接影响因素，但可以通过改变居民消费的影响因素进而间接促进消费提升。新型城镇化过程将驱动居民收入与财富增加、消费习惯改变、公共支出扩大等，这些因素的改变会对居民消费产生积极影响。具体来讲，收入视角下的收入效应、财富效应及分配效应，消费习惯视角下的示范效应、环境效应，公共支出视角下的保障效应与引致效应"七效应"是新型城镇化驱动居民消费的基本作用路径,这是本书依据相关基础理论构建的理论框架,也是实证研究的基础和依据。

在实证研究方面,以上述理论为依托,首先对新型城镇化与居民消费的因果关系进行了现实考察,发现新型城镇化是我国居民消费数量增加和消费结构升级的格兰杰原因。然后在此基础上,进一步对新型城镇化驱动居民消费的"七效应"的作用的大小进行了实证检验。

从收入视角看,新型城镇化借助收入效应与财富效应促进了居民消费增加,但分配效应的实证结论尚不明确。研究表明:收入增加和财富增长均促进了我国居民消费的增加,但现阶段新型城镇化借助收入效应与财富效应驱动消费增加所发挥的作用力度仍然较小。当然,由于我国新型城镇化正在建设过程中,收入、财富效应进一步发挥作用仍然存在很大潜力;新型城镇化通过分配效应缩小收入差距驱动居民消费的实证结果虽然不显著,但由于系数为正,再结合边际消费倾向递减规律,未来通过分配效应驱动居民消费将会不断产生积极作用。

从消费习惯视角看,我国居民总消费显示出很强的内部习惯效应和微弱的外部习惯效应,新型城镇化主要通过外部习惯效应中的示范效应和环境效应加快了居民消费水平的提升,但对分项消费支出的影响存在差异。从消费总量看,新型城镇化通过外部习惯效应中的示范效应和环境效应加快了居民消费水平的提升,其中示范效应的贡献约占2/3,环境效应的贡献约占1/3;从消费支出的构成项目看,新型城镇化对农村居民食品、衣着、交通、通信消费通过示范效应和环境效应进行了强化,而对居住、家庭设备消费进行了弱化,起到反向挤出效应。

从公共支出视角看,公共支出总额对我国居民消费存在挤入效应,且对农村居民的挤入效应要大于城镇居民。从新型城镇化过程中公共支出挤入消费的路径看,保障效应与引致效应部分发挥了作用。在保障效应中,公共支出主要通过财政转移支付这种直接效应驱动居民消费增加,而稳定预期这种间接效应的作用尚不明确;从引致效应看,公共支出通过基础设施建设促进消费的引致效应存在于特定设施对特定消费的驱动,如电力设施与家用设备消费。

本书的主要创新之处是:(1)将居民消费与新型城镇化相结合,探讨居民消费提升问题,这是对居民消费提升动力与着力点问题研究的新视角。(2)依托城镇化与消费理论,构建了新型城镇化通过作用于居民消费影响因素而间接驱动居民消费的理论机理,认为新型城镇化以"三大"视角范畴下的"七效应"为主要作用路径驱动居民消费提升,这加深和细化了对新型城镇化驱动居民消费作用路径的理论认识。（3）在实证研究中，通过构建综合指标体系、分步研究等方法解决了一些指标的量化问题，尤其在两部门假设下提出的外部习惯效应量化分解的"两步走"办法，既吸收了前人的优秀成果，又对已有量化研究处理方法进行了拓展。

王　平

2020 年 2 月

目　　录

第1章

导　　论

　　城镇化作为现代产业的集聚过程、人口的集中过程和人们的生活方式由自给自足为主向所有消费品依靠市场购买为主的状态转变等过程的统一，必然极大地拉动市场消费规模扩大和居民消费能力提升。新型城镇化作为中国以人口城镇化替代土地城镇化的新战略，更是将释放国内居民的消费潜力当作重要战略目标，这一战略在应对全球金融危机对我国出口和投资产生的巨大冲击方面已经发挥了重要作用，并将继续发挥拉动我国居民消费、促进经济持续增长的巨大作用。

1.1　研究背景与意义

1.1.1　研究背景

　　（1）居民消费不足是我国经济持续增长的重要障碍。经济增长是一个国家发展过程中面临的核心问题，它既关系到人民群众生活水平和生活质量的高低，更关系到社会稳定，是无法回避的现实问题。而如何拉动经济增长，在不同的国家有不同的实践，当然也形成了公认的理论。本书从需求侧看待经济增长，遵循理论界形成的拉动经济"三驾马车"共识，认为出口、投资、消费是拉动经济增长的三个最主要的方面。在我国经济发展到现阶段面临出口萎缩和投资受限这一背景下，我们关注的焦点自然就集中到了"三驾马车"中最重要的居民消费上。2017年对GDP的贡献中，最终消费支出约占59%[①]，与发达国家相比仍有较大提升空间。因此，扩大居民消费需求成为拉动经济持续

[①]　资料来源：国家统计局《2017年国民经济和社会发展统计公报》。

增长的必然选择。

从现实来看，我国具有庞大的人口基数，在经过改革开放 40 年的经济发展后，人民群众的收入水平大幅上升，这成为促进居民消费增长的关键。统计资料显示：2016 年城镇居民人均可支配收入为 31194 元，若不考虑通货膨胀因素，2016 年城镇居民人均可支配收入是 1978 年城镇居民人均可支配收入 343 元的 90 倍。① 同时，随着人们对"美好生活的向往"越来越强烈，期盼获得更高水平的消费以满足自身需要的欲望也将越来越强烈。居民消费欲望增强及收入提高带来的消费能力增强，使居民"有效需求"快速放大，通过居民消费提升拉动经济增长具备了充分条件。

（2）全球经济低迷使我国出口受阻，产能严重过剩抑制了投资扩张。出口和投资"两驾马车"的减速，亟须消费发挥主力作用。2008 年金融危机造成的全球经济持续低迷、贸易增长低缓的状况还在不断发酵，大大影响了我国货物的出口。从近两年数据看：2015 年，我国货物贸易进出口总值为 24.59 万亿元人民币，比 2014 年下降 7%，其中，出口下降 1.8%，进口下降 13.2%；2016 年，进出口下滑趋势有所好转，进出口总额为 24.34 亿元，但跟 2015 年相比仍然下降 0.9%。② 这表明世界经济增长仍然乏力，对我国外向型经济发展造成一定影响。此外，受部分发展中国家的追赶战略实施和发达国家再工业化的影响，在我国国内生产成本上升的背景下，我国出口面临发展中国家"上挤"和发达达国家"下压"的"双重压力"。

长期以来，我国经济对投资依赖非常严重，盲目投资导致产能过剩问题非常突出，特别是在与房地产、基建关系密切的钢铁、水泥、玻璃、煤炭、电解铝等行业中尤其明显。在需求萎缩的情况下，产能过剩问题更加凸显。国务院发展中心《进一步化解产能过剩的政策研究》课题组研究表明，2012 年，我国钢铁产能 10 亿吨、产量 7.2 亿吨左右，产量约占全球 46%；平板玻璃行业产能 10.4 亿重量箱，约占全球产量 50%；水泥生产能力达到 30.7 亿吨；电解铝产量为 1988 万吨，以上行业产能利用率仅为 70% 左右。[1] 不仅如此，各行业还存在较多的在建生产线，若全部完工，产能过剩问题将雪上加霜，产能利用率会进一步骤降。出口下降和产能过剩抑制了我国传统的以出口和投资拉动经济增长的方式继续发挥主力作用，在"三驾马车"中依靠扩大内需，特别是居民消费需求，是延续经济中高速增长的必然选择。

（3）外延式的土地城镇化模式已濒临拐点，半城镇化等现实问题亟须改

---

① 资料来源：根据相关年份《中国统计年鉴》整理计算而来。
② 资料来源：根据国家统计局 2015 年及 2016 年《国民经济和社会发展统计公报》整理。

变。投资驱动的外延式城镇化必然要求热衷投资的政府掌控较多资源。地方政府为了获取更多财政收入和较大资源掌控能力，往往以"卖地财政"为抓手，掀起一轮又一轮卖地高潮，房地产项目如雨后春笋般遍地开花。这一方面增加了地方财政收入，另一方面又创造了衡量官员业绩的GDP，可谓"一举两得"，因此，这也是各级政府对房地产业乐此不疲的主要原因。长此以往，形成了严重的"房地产依赖症"。房地产业爆发式增长催生了一批"鬼城""空城"，过度扩张的房地产发展模式、房价持续上涨对居民消费能力的透支、对企业运营成本的推高都显示了投资驱动型城镇化的不可持续性。外延式扩展型城镇化推进过程也产生了严重的环境问题，高耗能、高污染、高排放、雾霾及城市交通的拥堵不堪，导致了"病态的城市化"。

更为严重的是，房地产对其他产业的挤出破坏了新兴产业的生存空间，破坏了企业良好的创新土壤。近年来大批非房地产企业，甚至一些军工企业在短期利益驱使下纷纷涌入了房地产领域，破坏了企业在本领域实施创新的积极性，对实体经济产生了挤出，"脱虚入实"成了政策取向的无奈选择。围绕房地产进行的投资膨胀式发展，掩盖了中国经济转型升级的内在需求，投资驱动的城镇化模式已经走到了尽头。另外，由于户籍制度等的制约，大量农民工群体在城镇无法完全享受城镇的公共服务、无法获得与城镇户口挂钩的权益，过着"候鸟式"的迁徙生活，是一种"半城镇化"（semi-urbanization）[①] 的状态。这隐藏着很大的社会问题和隐忧，威胁着城镇化的可持续发展，走内涵式以"人口城镇化"为核心的新型城镇化道路，是唯一正确选择。

（4）新型城镇化已成为我国的国家战略。新型城镇化已上升为我国的国家战略，而且进入了加快推进的关键时期。早在2002年，党的十六大就提出建设"走中国特色城镇化道路"；十六届五中全会更是将城镇化提升到了国家战略地位；2007年10月，党的十七大报告中将城镇化列入了"新五化"范畴；2014年发布的《国家新型城镇化规划2014~2020》和《国家新型城镇化综合试点方案》（62+2）标志着国家对新型城镇化已经从战略谋局转向实质推进阶段。

较大的城镇化空间是促进我国经济保持中高速增长的重要动力。研究表明，城镇化与经济增长呈现"循环累积因果效应"关系[2]，即经济增长推进了城镇化进程，城镇化水平提高反过来又促进了经济增长。截至2016年年末，我国城镇常住人口约为79298万人，城镇化率为57.4%，是1978年城镇化率

---

① 半城镇化（semi-urbanization），即不完全的城镇化，指的是由于户籍等的制约，农村人口向城镇转移过程中的一种不完整、不完全状态，是中国城镇化过程中的一种特有现象。

17.9%的3.2倍，但2016年户籍人口城镇化率仅为41%。① 不管从哪个层面看，与发达国家的城镇化水平相比，我国城镇化都还有很大提升空间。美国城市学家诺瑟姆（Northam，1975）通过实证研究发现，城镇化率在30%～70%之间为城镇化的加速发展阶段[3]；联合国报告认为，中国2030年城镇人口将达到约10亿，城镇化水平到将达到70%。② 这说明我国城镇化发展空间很大，若再考虑城镇非户籍人口转化为永久居民工作的推进，城镇化对经济增长的贡献将会越来越明显。

基于以上背景，由于新型城镇化是我国的国家战略，而新型城镇化必然能够通过提升居民收入、改变消费习惯、健全社会保障等对居民消费产生重大影响，于是我们推断：新型城镇化可通过改变消费影响因素而驱动居民消费增加。并期待在对这一推断的逻辑分析和实证检验中获得我国新型城镇化建设与居民消费提升"一揽子"推进之良策。可事实如何呢？——这需要去研究。研究的核心问题为：新型城镇化驱动居民消费的机理到底是怎样的、我国新型城镇化驱动居民消费的实际效果到底如何？为了解决这一关键问题，需要通过解决新型城镇化与我国居民消费之间是否存在因果关系、孰因孰果？新型城镇化若驱动了居民消费增加，那么新型城镇化从收入视角看有哪些驱动效应、它们发挥作用的大小如何？新型城镇化从消费习惯视角看有哪些驱动效应、它们发挥作用的大小如何？新型城镇化从公共支出视角看有哪些驱动效应、它们发挥作用的大小如何？等一系列相关的具体问题，从而最终回答我们要解决的关键问题。

1.1.2　研究意义

（1）理论意义。

第一，深化城镇化促进经济增长的理论认识。从供给角度看，现代经济增长理论一般认为技术、资本、劳动等要素增长促进了经济增长；从需求角度看，出口、投资、消费是拉动经济的"三驾马车"。城镇化的推进，既促成了要素数量的增加和配置效率的提高，也增加了投资和消费。我国传统城镇化主要靠房地产投资、政府公共基础设施建设拉动经济增长，而新型城镇化则更强调人的城镇化，人的城镇化为特征的新型城镇化会不会形成促进经济增长的新动力、如何促进经济增长，相信本书对完善这一理论认识具有重要意义。

---

① 资料来源：国家统计局《2016年国民经济和社会发展统计公报》。
② 资料来源：联合国开发计划署《2013中国人类发展报告》。

第二，丰富居民消费需求改进路径的理论视角。我国长期形成的"高储蓄、低消费"是困扰我国经济持续健康增长的主要问题之一，学者们多从消费习惯的形成、制度等方面进行研究，提出了针对性的建议和措施，但改进消费的效果十分有限。我国目前处在加速城镇化，特别是推进新型城镇化阶段，居民消费需求的改善是否能够借助城镇化这一新路径，是认识消费需求提升这一问题的新视角。

第三，构建城镇化促进居民消费的交叉支撑理论。研究新型城镇化是否促进了居民消费需求的增加，没有现成理论可循。但我们可以运用城镇化理论和经典消费理论进行合理延伸和推导，从而构建城镇化促进居民消费支撑理论（机理），这是本书的主要任务之一。同时，结合消费行为理论、马克思消费思想进行分析，这种多角度、多学科交叉构建的理论基础构建对促进相关理论融合发展具有重要意义。

（2）现实意义。

第一，有利于推动我国居民消费需求增长。探索新型城镇化促进居民消费需求增长机理，有助于认识城镇化对促进居民消费需求的作用，这一机理的探讨对于解决我国居民消费长期存在的"启而不动"问题具有一定的促进作用。城镇化与居民消费增长何为因、何为果是本书的一个重要议题，也是新型城镇化驱动居民消费机理分析的前提。若新型城镇化能够驱动居民消费增长，则可以以新型城镇化建设为契机，将提高城镇化质量与驱动居民消费结合起来，这既有利于城镇化的内涵式发展，又提高了居民消费水平、提升了居民幸福度。

第二，有利于指导城镇化着力经济增长的实践。近年来，我国经济建设的实践强调城镇化对经济增长的贡献，将城镇化看成我国经济增长的最大潜力所在。学术界也一直比较关注城镇化与经济增长的问题，但为什么城镇化可以促进经济增长，是通过要素供给驱动，还是通过需求扩展拉动，需要进行深入研究，研究结论对认识我国城镇化驱动经济增长之作用路径具有现实意义。同时，也可以进一步明确，城镇公共物品供给中哪些对消费乃至经济增长具有促进作用、哪些具有抑制作用，以便在制定政策时做出指导。

第三，有利于推动我国经济增长方式转变。在当前背景下，将经济增长方式转变为主要依靠居民消费需求拉动，是主要依靠投资和出口拉动经济增长不可持续下的必然选择，也是我国经济增长方式转变的重要方向。这一转变将对实现供给侧结构性改革、化解产能过剩及增加有效供给发挥积极作用。居民消费需求增长及消费结构转变有利于供需对接，可为我国经济增长方式转变助力。

1.2　文献综述

1.2.1　国外研究现状

（1）关于城镇化动因研究。为什么要城镇化、什么因素驱动了城镇化是经济学家关注的问题，其研究成果成为解释城镇化动因的核心理论来源。在这些理论中，代表性的有区位理论、二元结构理论、人口产业迁移理论和非均衡增长理论。区位理论中当属冯·杜能（J. H. von Thunen，1986）的农业区位论[4]、韦伯（A. Weber，1997）的工业区位论[5]和克里斯托勒（Walter Christaller，2010）的中心地理理论[6]。区位理论认为城市是一种生产方式，以生产要素在空间聚集为特征，城镇的聚集性创造出了大于分散系统的社会经济效益[7]。二元结构理论以刘易斯（W. A. Lewis，1954）的二元结构理论[8]为基础，费景汉和拉尼斯（John C. H. Fei & G. Ranis，1961）[9]进行了补充和修正，乔根森（D. W. Jorgenson，1961）[10]和托达罗（M. P. Todaro，1969）[11]进一步对其进行了延伸和发展。其核心思想是认为发展中国家存在着现代工业部门和传统农业部门并存的二元经济结构，由于生产效率、劳动力剩余状况、工资差异等因素导致人口由农村向城市流动[12]。人口产业迁移理论最有影响的当属配第—克拉克定理。早在十七世纪，英国古典经济学家威廉·配第（William Petty，2010）就在其著作《政治算术》中描述道："制造业比农业，商业比制造业能得到更多的收入，收入差异使得人口向高收入产业转移。"[13]后来英国经济学家克拉克（Colin G. Clark，1940）分析得出：随着经济发展，劳动力由第一产业向第二产业，进而由第二产业向第三产业转移[14]。非均衡增长理论中代表性的有佩鲁（Francois Perroux，1950）的"增长极"理论[15]、缪尔达尔（Gunnar Myrdal，1957）的循环累积理论[16]、赫希曼（Albert O. Hirschman，1958）的核心区与边缘区理论[17]和弗里德曼（A. J Friedmann，1966）的中心—外围理论[18]。非均衡增长理论虽然关注的侧重点各不相同，但核心都是解释了由于资源、人力等各方面差异导致地区发展不平衡，发展较快地区存在天然的较大吸附力，并使落后地区不断向发达地区靠拢；发展快的地区往往是城市或城市群，因此，资源、人口必然向那里转移集中。

（2）关于消费函数及消费影响因素研究。居民消费水平由什么决定，主流消费理论以收入和消费的关系为主线进行了深入研究。从其演进的历史脉络来看，大致经过了四个阶段。第一阶段是 20 世纪 30 年代中期—50 年代中期。这一时期的研究是基于现期收入和确定性分析为基础的，以凯恩斯（J. M. Keynes，1936）的绝对收入假说（AIH）[19] 和杜森贝利（J. S. Duesenberry，1949）的相对收入假说（RIH）[20] 为代表。第二阶段是 20 世纪 50 年代中期—70 年代中后期。这一阶段的研究是基于预期收入与确定性分析为基础的，以弗里德曼（M. Friedman，1957）的永久收入假说（PIH）[21] 和莫迪里安尼（F. Modigliani，1954）的生命周期理论（LCH）[22] 为代表。第三阶段是 20 世纪 70 年代中后期开始—80 年代初期。这一阶段的研究是基于预期收入与不确定性分析为基础的，如哈尔（R. E. Hall，1978）的引入理性预期理论，提出了随机游走假说（REPIH，理性预期的持久收入假说）。[23] 第四阶段是 20 世纪 80 年代初期以后。这一阶段是基于不确定性分析对生命周期——持久收入模型进行的补充与发展，代表性的理论有过度敏感假说（Flavin，1985）[24]、预防性储蓄假说（Caballearo，1990；[25] Dynan，1993；[26] Hubbard，Skinner & Zelds et al.，1995[27]）、流动性约束假说（Zelds，1989；[28] Jappelli & Pagano et al.，1994[29]）、缓冲库存储蓄假说（Deaton，1991；[30] Carroll et al，1992[31]）及 λ 假说（Campbell & Mankiw，1991）[32] 等。此后的研究主要以预防性储蓄理论和包含流动性约束假说的预防性储蓄理论为主流，近年来的研究多围绕预防性储蓄理论展开（如 Alessie，R. & F. Teppa，2010[33]；Baiardi，D. et al，2015[34]），因此，预防性储蓄理论也成为当前解释居民消费行为的前沿理论。

（3）不同城镇化阶段消费特征研究。罗斯托（Rostow W. W.，1960[35]；1971[36]）将经济增长划分为六个阶段，认为起飞阶段是农业社会向工业社会的转化，消费开始增加，但要防止早熟消费；高额群众消费阶段，社会的注意力将从生产转移到消费，进入"消费社会"。钱纳里（H. B. Chenery，1988）对世界 101 个国家的消费情况进行了实证，发现居民消费率与 GNP 相关，总体上看，随着人均收入水平的提高，人均消费率是下降的。[37] 库茨涅茨（Kuznets S.，1973）对美国的实证研究否定了凯恩斯绝对收入假说中的"边际消费倾向小于平均消费倾向"和"边际消费倾向随着收入的上升而下降"两个命题，被称为"库茨涅茨悖论"[38]。乔根森（D. W. Jorgenson，1961）的二元结构理论强调消费结构对经济发展的根本性驱动作用，认为农业剩余劳动力向非农部门流动和转移的根本原因是消费需求拉动的结果。[10] 此外，不同的经济发展或城镇化阶段，金融深化促进消费金融发展也可能有利于居民消费改善（Bunyan，S. et al.，2016）[39]。

（4）城镇化对居民消费影响研究。对于城镇化为何能促进居民消费需求增加，学者们围绕消费函数，从总需求改变、消费习惯改变、收入增加等方面进行了不同角度的分析和研究。美国经济学家刘易斯（W. A. Lewis，1954）从社会总需求方面看待这一问题，认为由于城乡收入和劳动生产率差异导致农村人口向城镇转移能提高整个社会的需求水平。[8]杜森贝利（1949）[20]、卡罗尔（Carroll，2000）等从改变消费习惯等方面进行研究，认为城镇居民消费模式对新流入的原农村居民具有"示范性"作用，引导原农村居民改变消费习惯。[40]斯塔克和泰勒（Stark & Taylor，1991）认为提高居民收入水平是由城镇的高工资性收入决定的，进而认为城镇化产生的外部经济性通过"集聚效应"和"规模效应"促进需求扩张[41]。布莱克和亨德森（Black & Henderson，1999）[42]分析了完全城市化后的平衡增长路径下消费水平变化的机制。除了理论分析外，国外研究也进行了实证研究，实证研究大多着眼于微观层面，认为城市一方面增加了消费的多样性，另一方面也增加了消费的可能性（Waldfogel，1999[43]；Gleaser et al.，2001[44]）。城镇现代金融服务业的发展，对消费者的消费选择和计划产生了影响，往往会有利于居民消费（Bunyan, S. et al.，2016）[39]。

1.2.2　国内研究现状

（1）关于城镇化和新型城镇化的研究。我国城镇化起步晚、城镇化研究也起步较晚。1978年实行改革开放后，随着城镇化实践的推进，相关理论研究才逐渐开始关注城镇化问题，近年来的城镇化研究主要关注城镇化模式、城镇化与产业发展、城镇化与工业化等议题。其中，中国城镇化道路和模式成为学者们关注的焦点，核心问题是围绕"城市规模"之争出现的"小城镇论""大城市论""中等城市论"及"城市群论"等。"小城镇论"一般是基于我国人口众多背景下的就近转移符合我国国情提出的，"大城市论"者则从城镇规模经济效应及集聚效应发挥为出发点。20世纪80年代开始，国家在很长一段时间主要秉持小城镇化发展思路。1980年，费孝通先生的《小城镇，大问题》一文基本上代表了主流的观点，王向明（1984）[45]、叶克林（1985）[46]等诸多学者也持类似观点。费孝通先生认为，发展小城镇能容纳数量庞大的农村剩余人口，"离土不离乡，进厂不进城"符合中国国情。[47]但在城镇化发展现实中却逐渐发现，大城市相对小城镇更能对资源产生集聚作用，并发挥规模经济优势。于是，理论界也开始质疑"严格控制大城市规模，合理发展中小城市，积极发展小城镇"政策，认为"中国的大城市不是太多，而是太少"（王小鲁等，1999）。[48]于晓明（1999）明确指出："走集约化大城市之路是中国城市化的必由之路，不应该限制大城市发展。"[49]在理论的争鸣中、在政策实践的观察中，国家也逐渐放松了对大城市发展的限制，2006 年，《国家"十一五"规划纲要》首次提出"把城市群作为城镇化的主体形态"。当然，中国城镇化模式不能一概而论制定统一标准，应该发挥各自优势、走大中小结合之路（杨波等，2006）[50]；要因地制宜，东部沿海和中西部应采取不同的城镇化模式（辜胜阻等，2010）[51]。事实上，大城市和小城市各有优劣（蔡之兵等，2015）[52]，"大城市论"还是"小城镇论"，实际是一个优先发展大城市还是优先发展小城镇的问题（蔡继明等，2017）[53]。

伴随着我国城镇化的发展，出现了诸如"半城镇化""大城市病"等一系列问题，为了矫正城镇化过程中出现的问题，国家提出了新型城镇化战略。学者们围绕新型城镇化的内涵、评价指标、优化城镇发展路径等进行了广泛而深入的研究。对于新型城镇化的内涵，他们认为新型城镇化是一种城乡一体、注重城镇质量和发展方式、关注环境与人的发展的大中小城市协调发展道路（牛文元，2010）[54]，是从低质量、高耗能、数量型向高质量、低耗能、质量型的转变（仇保兴，2012）[55]，是外延与内涵式发展的和谐统一（王发曾，2014）[56]，核心是实现人口城镇化（倪鹏飞，2013）[57]。新型城镇化水平如何评价也是学者们关注的重要问题，因为新型城镇化水平评价是其他相关研究的基础。评价方法虽然没有统一标准，但基本上都遵循了在计算城镇化率的基础上加入其他指标从而对这一数量指标进行修正的逻辑思路。王博宇等（2013）以经济、人口、人居环境、基础设施等为主要指标构建综合指标体系[58]，张占斌等（2014）以城镇是否健康发展为导向构建了五个方面的指标体系[59]，徐林等（2014）[60]的"星系"模型不但关注综合评价指标体系，更注意各维度间的联系。此外，在新型城镇化发展路径上，学者们主要关注户籍与土地等制度改革（隋平，2013）[61]、城镇体系及产业发展（宋林飞，2014）[62]、中心带动区域实行大中小城市协同发展（姚士谋，2014）[63]等方面，综合来看，应当实现超越资源浪费和资本为核心的"A、B"模式，从而实现长远发展与不违背市场机制前提下综合革命的"C"模式①（仇保兴，2009）[64]。

（2）关于中国居民消费问题的理论研究。中国传统文化中具有很强的"崇尚节俭、抑制消费"思想。中华人民共和国成立后，由于底子薄、工业化起步阶段需要更多的储蓄去投资建设，国家继续倡导勤俭节约思想，这种思想在计划经济的短缺经济条件下也是迫不得已的选择。但在市场经济条件下，尤

---

① 作者在文中提到的 C 模式是相对于"A、B"模式而言的，指的是以发展为前提的运用市场机制的高效来补偿城镇化负面影响的新型城镇化模式，而"A 模式"指的是以化石能源为基础的城市低密度发展、资源浪费严重的城镇化模式，"B 模式"指的是反增长的、消极应对的城镇化模式。

其是在我国经济 1998 年以后从短缺经济时代的卖方市场转变为产品相对过剩的买方市场的条件下，抑制消费已经不利于经济增长。然而，由于长期的"节俭"习惯导致的抑制消费思想严重，在理论研究中，消费问题并没有引起足够重视。直到 2000 年以后，这一问题才逐渐成为研究热点。如王政霞（2003）认为，改革开放后随着经济发展及生产力逐步解放，物质产品越来越丰富，消费问题也逐渐引起了研究者重视，尤其是经历过 20 世纪 80 ~ 90 年代的"补偿性消费需求"后，消费增长步伐进一步放慢。[65]又如方福前（2009）[66]、王小化等（2016）[67]认为，我国"消费不足"与要素分配、社会保障、居民预期等因素有关，这是物质生产能力提升后，消费"启而不动"背景下学术界的思考。

　　总体来看，由于学者们关注方向不同，出现了不同理论观点，主要有收入论、预期论、观念论、信贷滞后论、公共设施不足论等。收入论者认为，我国居民消费不足主要是由于居民收入增长缓慢、收入差距过大、要素分配不均等因素造成的（尹世杰，2000；[68]臧旭恒等，2005；[69]方福前，2009；吕冰洋等，2012；[70]刘东皇等，2017[71]）。预期论者认为由于教育、医疗、社会保障等制度的不健全，使得居民未来预期的支出增加，从而提升了储蓄、降低了消费（董辅礽，2002；[72]郜秀军等，2009[73]）。观念论者认为中国居民消费过低是由于受到传统观念的影响，特别是量入为出观念是影响居民消费的重要文化因素（尹世杰，2000；[68]郜秀军等，2009；[73]王小化等，2016[67]）。信贷滞后论者认为，我国居民消费需求不足是由于我国消费信贷不足造成了流动性约束（万广华等，2001；[74]林晓楠，2007；[75]唐绍祥等，2010；[76]李江一等，2017[77]）。公共设施不足论者认为，公共设施特别是农村公共基础设施的不完善，制约了居民消费扩张（臧旭恒等，2002；[78]朱诗娥，2007；[79]张书云，2011；[80]冉光和等，2017[81]）。整体来看，关于我国居民消费问题的研究没有脱离西方经典理论的范畴，其研究核心仍然针对消费影响因素，不外乎收入、财富、收入差距、消费习惯、流动性约束、社会保障等范畴，只不过关注重点和方向不同，并根据我国实际进行了解读而已。

　　（3）关于城镇化与居民消费增长关系的研究。城镇化与居民消费增长关系受到了研究者一定程度的关注。相关研究主要涉及三个方面。一是探讨城镇化促进居民消费增长的作用机理。学者们通过理论分析对此做了探讨，认为城市化是解决我国有效需求不足的现实选择（汪利娜，2001）[82]，对农村居民消费增长的促进作用的累积效应大于城镇居民（胡日东等，2007；[83]蒋南平等，2011[84]），新型城镇化对居民消费具有显著的正向促进作用（赵永平等，2015）[85]。那么，城镇化为什么会促进居民消费增加呢？研究认为其作用机理主要是通过提高居民收入（柳建平等，2009；[86]万勇，2012[87]）、发挥城乡联动效应（刘厚莲，2013）[88]、提高农民工福利待遇（雷潇雨等，2014）[89]、配套产业建设引致（姚星等，2017）[90]等促进消费。当然，城镇化也有负向外部成本效应，如半城镇化下的保障制度缺失等，不过正向积聚效应往往大于外部成本效应，从而在总体上促进了消费增长（潘明清等，2014）[91]。二是城镇化与居民消费水平、消费结构关系的实证研究。在运用消费数据时，有的学者运用消费额这一反映消费水平的绝对量，而有的学者运用消费率这一消费的相对量，一般认为运用相对量较合理。樊纲（2004）通过实证研究发现，城市化率对人均消费水平的贡献为 17.6%[92]，刘艺容（2008）得到了类似的结论，发现城镇化对居民消费增长具有正向影响且存在显著的阶段性差异[93]。不过，也有学者认为城镇化对居民消费率的提高影响不大，但当引入收入差距以后城镇化对消费率提高有正向影响（李通屏等，2013）[94]。从消费结构来看，有学者认为进城人员在食物、衣着等生活必需品方面支出的比重会下降，而在娱乐、教育、通信、医疗等高档消费方面支出的比重会增加（周建等，2009）[95]，城镇化促进消费结构升级主要是通过推动工业、服务业发展进行的（王国刚，2010）[96]。三是城镇化过程中制约居民消费提升因素的研究。什么因素制约着我国居民消费提升？学者们对此也给予了一定关注。归纳起来看，他们认为主要制约因素有社会保障不健全（姜百臣，2010；[97]纪江明等，2011[98]）、城乡收入差距过大（韩立岩等，2012；[99]刘厚连，2013[88]）、收入不确定性（廖直东，2014）[100]、人口年龄结构（刘铠豪，2016）[101]等，同时，对此提出了健全社会保障、缩小收入差距、促进消费金融发展等改善居民消费现状的针对性建议。

1.2.3　国内外研究评述

现有关于城镇化、居民消费及城镇化影响居民消费需求的研究为本书提供了可借鉴的基础：一是使我们明确了居民消费主要受到哪些因素的影响，驱动一个国家城镇化的动因是什么；二是发现城镇化与居民消费之间存在关系，将城镇化与居民消费问题结合起来研究是可行的；三是对中国城镇化与居民消费问题的研究，提高了在中国语境下对城镇化与消费问题的理论认识，聚焦了在社会实践中探索这一问题的角度，明晰了研究的空间和视角。当然，现有研究也存在着一些不足，主要表现为：（1）没有建立起系统的新型城镇化驱动消费的支撑理论，对新型城镇化影响居民消费这一具体问题的机理没有做更为详尽、深入的分析；（2）研究结论由于受到选择变量、采用方法、指标口径、数据期间等诸多因素的影响，存在一定争议，对此未能提供更加可靠和令人信服的解释。

本书拟在以下五个方面有所突破：（1）在理论方面更加注重从经典模型出发找寻新型城镇化驱动消费增长的支撑理论，通过机理分析对现有理论进行延展和融合，更加注重逻辑的严密性；（2）在实证方面尽可能深入细化研究，依据机理分析结果，形成新型城镇化驱动居民消费的可验证的效应路径，并运用统计数据进行实证检验，这是细化新型城镇化促进消费增长研究的新尝试；（3）采用指标体系计算的综合指数来反映新型城镇化及效应大小，避免单一指标信息不完整而影响结果的可靠性；（4）主要研究新型城镇化促进居民消费的正向积极效应，同时也关注城镇化过程中制约居民消费的消极因素，使研究更具政策指导意义；（5）从居民消费影响因素看，学者们研究关注的重点包括收入、财富、收入差距、消费习惯、社会保障等，本书对此进行归纳，把影响消费的因素主要归结为收入视角下的收入、财富、收入差距，消费习惯视角下的内部习惯与外部习惯，以及公共支出视角下的转移支付与基础设施建设，使本书内容安排更加全面、完整。

1.3　研究设计

1.3.1　研究目标

（1）总体目标。本书研究的总体目标是厘清新型城镇化驱动居民消费需求的机理，并对这一机理的实现路径进行理论分析与实证检验，从而为我国现阶段通过新型城镇化驱动居民消费需求增长提供合理的理论依据和政策建议。

（2）具体目标。第一，在明确新型城镇化内涵的基础上，了解我国新型城镇化水平及发展特征。通过构建新型城镇化评价指标体系，对我国新型城镇化发展水平进行客观评价，从而为新型城镇化驱动居民消费研究打下基础。

第二，明确新型城镇化驱动居民消费的作用机理。结合城镇化理论、新型城镇化实质、消费理论，分析新型城镇化驱动居民消费增长的可能路径（效应），从而构建本书的理论框架，为实证分析提供依据。

第三，明确我国居民消费现状。通过对居民消费总支出及分项支出、居民消费支出构成、城乡居民消费状况对比等进行研究，明确我国居民消费的基本状况及发展变化趋势等基本问题。

第四，明确新型城镇化影响居民消费之因果关系。通过格兰杰因果关系检验，弄清新型城镇化与居民消费水平提高的关系，特别是新型城镇化与居民消费是否存在因果关系，何为因、何为果，为探索新型城镇化驱动居民消费的机理做前期准备。

第五，明确新型城镇化驱动消费机理的存在性及其系数大小。通过构建数学模型，对机理分析的推论进行实证检验，进而通过面板数据回归分析，得出各效应作用方向及其系数大小。

第六，归纳新型城镇化驱动我国居民消费增长的积极因素及消极因素，为利用新型城镇化促进居民消费进一步增长提供政策建议。通过研究结论的归纳和延伸，将新型城镇化在促进我国居民消费增长中的积极因素和消极因素进行归纳，以此为依据为新型城镇化驱动居民消费增长提供政策建议。

1.3.2　研究思路

本书在把握宏观背景的基础上，根据新型城镇化与居民消费关系及新型城镇化对居民消费驱动的可能路径，沿着"问题提出—理论梳理—机理分析—现实考察—实证检验—制度改进"的思路展开研究，如图 1-1 所示。

第一，提出问题。在全球经济低迷和我国产能严重过剩的情况下，出口与投资"两驾马车"拉动我国经济持续增长能力受限，而"三驾马车"中的居民消费对中国经济增长的贡献尚有较大提升空间，结合中国正在快速城镇化且将新型城镇化上升为国家战略的背景，设想通过新型城镇化驱动居民消费增加，从而提出"新型城镇化驱动居民消费的机理到底是怎样的、我国新型城镇化驱动居民消费的实际效果到底如何？"这一关键问题。

第二，理论梳理。从马克思政治经济学视角对新型城镇化的实质进行解读，以便厘清新型城镇化的内涵。同时，对西方经典消费理论进行归纳，对城镇化理论，尤其是城镇化与居民消费相关理论进行梳理，在此基础上总结新型城镇化与居民消费之间存在的交集，为本书机理分析提供"理论武器"。

第三，机理分析。在理论归纳、梳理与总结的基础上，充分运用现有理论分析新型城镇化通过何种途径（效应）驱动了居民消费增加。这是对现有理论归纳和梳理的基础上进行的充分拓展，是合理假设基础上得出的结果。机理分析在从理论上对研究命题进行逻辑推导的同时构建了本书的理论框架，并框定了实证研究的范畴，为实证研究提供理论依据。

第四，现实考察。我国新型城镇化水平如何？居民消费状况如何？新型城镇化能否驱动居民消费数量增加、消费结构改变？对这些现实问题的基本认识

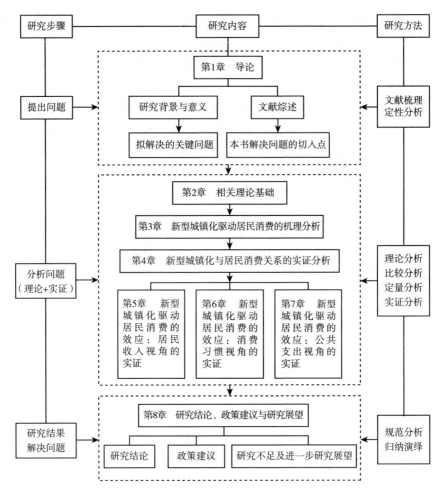

图 1-1　本书研究的技术路线

是进一步深入分析新型城镇化如何驱动居民消费增长的前提。通过构建指标体系对我国新型城镇现状与特征进行评价，对新型城镇化与居民消费水平、居民消费结构间是否存在因果关系进行初步判断，通过现状与特征归纳对相关问题进行初步分析。

　　第五，实证检验。在机理分析的基础上，运用我国分省统计数据对相关理论分析结果进行实证检验。在实证检验新型城镇化与居民消费增长之间的因果关系的基础上，对居民收入视角下的收入效应、财富效应与分配效应，消费习惯视角下的内部习惯与外部习惯及外部习惯效应中的示范效应与环境效应，公共支出视角下的挤入（挤出）的总效应及挤入效应下的保障效应与引致效应大小进行实证检验，以验证机理分析结果在我国实践中的基本状况。

第六，制度改进。对本书的研究结论进行归纳，找出驱动我国居民消费增加的积极因素及制约我国居民消费的消极因素。紧密围绕研究结论，结合我国国情、现实及他人研究成果，从宏观层面为新型城镇化进一步更好、更快地驱动居民消费增长提供建议，从微观层面为居民如何树立既合理适度又积极向上的消费理念提供建议。

1.3.3　研究内容

根据以上研究思路，本书共分八章对相关问题进行理论与实证分析，内容如下。

第 1 章，导论。从宏观层面介绍本书的研究背景，即我国经济面临出口与投资"两驾马车"对经济拉动效应受到阻滞，但在新型城镇化战略实施背景下，居民巨大消费潜力释放有望使"第三驾马车"扛起拉动经济的大旗，以此为依托，结合相关问题研究现状提出了本书拟解决的关键问题，即"新型城镇化驱动居民消费的机理到底是怎样的、我国新型城镇化驱动居民消费的实际效果到底如何？"根据提出的问题指出了本书的研究思路、研究方法及主要创新之处。

第 2 章，相关理论基础。对城市化、城镇化、新型城镇化的概念进行界定，尤其是从马克思主义政治经济学视角对我国具有"政策实践性"的新型城镇化实质进行解读，从而更清晰地了解新型城镇化的内涵、本质；对消费理论、城镇化过程中的消费议题等相关理论进行梳理和归纳，为本书后续研究做好理论准备。

第 3 章，新型城镇化驱动居民消费的机理分析。对第 2 章归纳的基础理论进行合理推导和延伸，深入分析新型城镇化驱动居民消费的作用机理。从收入视角看，新型城镇化通过收入效应、财富效应与分配效应驱动了居民消费；从消费习惯视角看，新型城镇化通过示范效应与环境效应驱动了居民消费；从公共支出视角看，新型城镇化通过引致效应和保障效应驱动了居民消费。

第 4 章，新型城镇化与居民消费关系的实证分析。构建新型城镇化评价指标体系，对新型城镇化水平进行评价，并运用格兰杰因果关系检验法对新型城镇化与居民消费水平、消费结构是否存在因果关系、孰因孰果进行实证检验，以初步验证新型城镇化是否在总体上驱动了中国居民消费增加，为下面章节深入细致的实证分析打下基础。

第 5 章，新型城镇化驱动居民消费的效应：居民收入视角的实证。构建数学模型，运用我国分省面板数据，检验新型城镇化收入视角下驱动居民消费的收入效应、财富效应、分配效应的存在性及系数大小、方向，以验证第3章的机理分析结果。

第6章，新型城镇化驱动居民消费的效应：消费习惯视角的实证。对内外部习惯间的传导关系进行理论分析，对消费习惯的定量描述办法进行归纳，在此基础上构建数学模型，运用我国分省面板数据，检验新型城镇化通过消费习惯视角下的示范效应、环境效应驱动居民消费的存在性及系数大小、方向，以验证第3章的机理分析结果。

第7章，新型城镇化驱动居民消费的效应：公共支出视角的实证。对我国公共支出的特征进行一般性描述，构建数学模型，运用我国分省面板数据，检验新型城镇化通过公共支出视角下保障效应、引致效应驱动居民消费的存在性及系数大小、方向，以验证第3章机理分析结果。

第8章，研究结论、政策建议与研究展望。根据理论分析与实证检验结果，对本书研究结论进行总结，在总结的基础上归纳新型城镇化促进我国居民消费增长的积极因素及制约我国居民消费的消极因素，提出消费导向下的新型城镇化建设思路，并结合实际提出通过新型城镇化驱动我国居民消费增长的制度与政策建议。

1.3.4　研究方法

（1）文献研究法。文献研究法是一种通过对文献进行搜集、梳理、鉴别，从而对已经形成的研究事实进行科学认识的方法。本书分析呈现国内外学者有关新型城镇化与居民消费研究的视角、内容和方法，提出本书的独特视角和切入点；通过文献梳理，阐述论题的时代背景和理论背景，并对相关概念、范畴进行界定，形成本书的理论基础。

（2）比较分析法。比较分析法也称对比分析法，是通过基数与实际数对比、不同区域间对比而得出比较与被比较对象差异的一种分析方法。本书通过比较分析不同经济区域、城乡不同消费群体的新型城镇化驱动消费效应方向和大小，比较各种效应发挥作用的路径，找出影响消费的各效应的内外环境因素及不同群体差异，形成更加具体和针对性的建议；从历史视角，比较我国居民收入、消费习惯、公共支出在不同时点的大小及变动特征。

（3）规范分析与实证分析相结合的方法。规范分析是基于一定的价值判断，对事物应该具备的特征和形态做出判断，侧重于回答"应该是什么"的一种研究方法。实证分析是在不预设价值判断标准的前提下，对事物本来所具备的特征做出的客观描述，侧重回答"是什么"的问题。本书在设定研究内容、框架及机理分析部分基于一定的理论基础进行规范分析；在实证研究部分，运用我国全国、城乡及分省数据进行实证检验；在结论分析中又将二者有机结合，该方法是贯穿全书的研究方法之一。

（4）定性与定量相结合的方法。定性分析法是运用逻辑与经验对事物做出主观判断，并据此推断其发展趋势、性质、机理的一种非数量化分析方法。定量分析法是对某一事物或社会现象在数量方面的特征、构成、变化规律等通过某种方式进行计算、整理从而得出客观判断的一种分析方法。本书采用统计分析法和计量经济学方法从数量方面进行分析，对相关问题进行实证，使结果具有可验证性、具有充分的可靠性和说服力。同时，在定量分析的基础上，对分析结果进行抽象和概括，从而定性研究，提出具有普遍规律的结论并概括其特征。总之，定性与定量相结合方法贯穿本书始终。

1.4　创新之处

本书的创新之处主要体现在以下几方面：（1）拓展了促进居民消费提升的认识视角。传统上研究居民消费问题，多从消费函数出发，分析影响消费函数的收入、财富、收入差距、消费习惯、社会保障等因素如何改变，而对这些因素本身的改变动力是什么则鲜有深入探讨，其结果就是导致研究结论现实可行性和执行力较差，并无法获得实践思路。本书则将新型城镇化与居民消费问题结合研究，将新型城镇化看作驱动居民消费的重要动力，这是研究消费问题的一个新视角，其研究起点是新型城镇化，终点是居民消费需求增加，关键是厘清新型城镇化驱动居民消费增加的逻辑机理及效应路径。这样的研究视角顺应了我国加速新型城镇化建设的背景，增强了研究结论的现实指导意义。（2）通过交叉与融合延伸了现有理论的应用空间。研究新型城镇化驱动居民消费提升问题，没有现成的理论可循，需要对现有的城镇化理论、消费理论进行合理延伸和交叉构建，以此作为本书的理论基础。本书相关理论的合理推理和延伸形成新型城镇化促进居民消费的支撑理论，认为新型城镇化不是直接作用而是间接借助于"七效应"促进了居民消费的提升，这是本书对理论应用的拓展。除此之外，本书首次将内部消费习惯与外部消费习惯之间的传导机制进行深入分析，提出了外部消费习惯是外因，内部习惯是内因，外部消费习惯通过内部消费习惯促进居民消费。在外部消费习惯作用力的持续作用下，内部消费习惯会发生质变，从而变成全新内部消费习惯的理论判断。这些理论研究为本书进行深入实证研究提供了支撑理论。（3）灵活运用综合或分步办法解决了一些指标量化问题。通过构建新型城镇化评价指标体系、效应大小衡量指标体系等综合指标，并运用统计学方法对指标体系进行加权合成，解决了实证分析中个别指标信息涵盖不充分的问题；在实证分析消费习惯视角的效应过程中，为了使结果可靠并尽可能利用前人成熟的研究理论，本书又在"两部门假设"下提出了外部习惯效应量化分解的"两步走"办法，既吸收利用了前人的优秀成果，又对已有量化研究处理办法进行了拓展和改进。

第 2 章

相关理论基础

城镇化理论与消费理论是本书研究的主要理论基础。本章的核心是通过对城镇化理论与消费理论的归纳，梳理居民消费影响因素中与新型城镇化有关的主要因素，为下文的机理分析奠定基础。

2.1 新型城镇化理论

2.1.1 城市化、城镇化和新型城镇化的概念界定

什么是城市化？什么是城镇化？什么是新型城镇化？它们之间存在什么关系？这些是需要首先厘清的问题，在此对这些重要概念进行界定和分析。先说城市化。城市化是英文"Urbanization"的译文，它是一个世界性的发展现象，也是发展经济学中的一个重要概念。它是指随着经济发展，在总人口中城市人口比重增加和农村人口比重减少的过程，具体来讲，城市化是指随着经济发展和工业化的推进而产生的产业向城市聚集、人口向城市集中及人民生活方式由农村向城市转变等社会过程的有机统一。[102]可见，城市化既涉及人口与产业向城市的聚集与转变过程，也是生活方式（包括价值观、行为与态度等）由乡村向城市的转变过程[103]，是经济社会发展的必然历史过程，特别强调"过程"或"进程"。

城镇化是针对我国国情与现实而提出的一个概念，具有明显的中国特色。辜胜阻等（2009）将中国国情下的城镇化特点概括为"三个双重"："双重转型背景""双重城镇化方向"及"双重动力机制"[104]。"双重转型背景"指的是中国经济面临的由农业向工业、由计划向市场的双重转型；"双重城镇化方向"指的是人口向大城市不断转移的城市化及农村逐渐向小城镇转移的城镇

化;"双重动力机制"指的是依靠"政府推动"和依靠"市场拉动"两种机制共同发挥作用促进城镇化发展。由此可以看出,城镇化是针对我国国情提出的概念,是"中国特色的城市化",同样是经济发展过程中的一个"转变过程"。本书认为城市化与城镇化这一对概念间不存在本质差异,因此,在研究过程中对二者不做刻意区分,在书中根据表达习惯选择使用。

城镇化是城市化在中国语境下的表达,新型城镇化可以说是城镇化在发展过程中与时俱进的结果,是片面强调"土地城镇化"向强调"人口城镇化"的转变。从经济学理论看,新型城镇化并不是一个学术名词,不是一种新的理论创新,新型城镇化与西方经济学理论中的城市化理论并无本质差别。但从我国城镇化的实践来看,城镇化过程出现了诸如城镇化质量不高、环境破坏严重、公共服务水平低下、生产关系不能适应生产力发展、消费与积累比例不协调等诸多问题。为了解决现实中出现的这些问题,我国政府提出了新型城镇化战略。

那到底什么是新型城镇化?我们可以从政策与理论两方面进行解读。首先,由于新型城镇化是对我国原有城镇化模式的纠偏,因此具有很强的政策性。从政策实践看,《国家新型城镇化发展规划 2014～2020》(下称《规划》)是迄今为止关于我国新型城镇化建设的权威指导文件,《规划》对新型城镇化建设提出的指导原则为:"以人为本,公平共享;四化同步,统筹城乡;优化布局,集约高效;生态文明,绿色低碳;文化传承,彰显特色;市场主导,政府引导;统筹规划,分类指导。"① 可见,新型城镇化的主要特征为:以人为本、产业支撑、低碳环保、综合协调。其次,从理论上看,学者们根据新型城镇化背景、政策及实践,对新型城镇化内涵做了探讨。牛文元(2009)从理论上对此做了较为全面的概括,认为从本质上来说,新型城镇化应该是反映城乡"动力、质量、公平"三者的有机统一。[105] 从政府政策层面讲,党的十六大提出的"新型工业化"战略中的依托产业融合推动城乡一体化就已经体现了"新型城镇化"思想(李程骅,2012)[106],党的十八大,特别是在 2012 年的中央经济工作会议后,这一概念被公众所熟知(单卓然等,2013)[107]。李克强总理在 2014 年 3 月政府工作报告中对新型城镇化做出的解释为:"坚持走以人为本、四化同步、优化布局、生态文明、传承文化的新型城镇化道路,着力提升质量。"② 综合学界及政府政策关于新型城镇化的思想,可以把新型城镇化的内涵表述为:所谓新型城镇化,是在"人本思想"的指导下,以新型

---

① 参见:《国家新型城镇化发展规划 2014～2020》。
② 见李克强总理 2014 年 3 月所做的《政府工作报告》。

工业化为动力，以统筹兼顾为原则，推动城市现代化、城市集群化、城市生态化、农村城镇化，全面提升城镇化质量和水平，走科学发展、集约高效、功能完善、环境友好、社会和谐、个性鲜明、城乡一体、大中小城市和小城镇协调发展的城镇化建设路子，最终目的实现人的全面自由发展。[108]

根据以上分析，本书认为新型城镇化是更加关注人的发展的城镇化，是更加注重城镇化质量的城镇化，新型城镇化的"新"主要体现为新市民、新面貌、新服务这"三新"。"新市民"是指新型城镇化要以解决新市民生存为目标，通过提升农民工市民化体现"人本思想"。"新面貌"是指新型城镇化通过提升城市文化、环境、质量等方面的水平，改变传统片面追求城市规模扩大、空间扩张的思路，使城市具有崭新的面貌；所谓"新服务"是指要使城市公共基础设施和公共产品、社会保障实现保障程度和水平的全面提升，提升城市服务水平，努力帮助个体实现全面发展。在上述"三新"中，体现"人本思想"的"新市民"是核心，"新面貌"与"新服务"是"人本思想"下"新市民"的必然要求，三者辩证统一。

2.1.2　马克思主义城市理论

马克思从城市发展历史考察，对人类社会城市化①的必然性、城镇功能、空间演化、城乡关系、公共物品供给等方面进行了历史辩证分析，奠定了马克思主义关于城市理论的基础。后来的马克思主义者对其进行了进一步拓展和延伸，这些理论和方法对研究当代中国城镇化仍具有指导意义。

（1）城镇化的必然性。马克思从唯物史观角度考察，认为乡村向城市转化将是现代历史的必然。在《经济学手稿》中，马克思指出："现代的历史是乡村城镇化，而非古代的城市乡村化。"[109]马克思所说的古代城市乡村化，指的是在封建社会这样的低级社会形态中，在城市中心划分土地进行分封制治理，将城市变成了乡村。但是他认为，在现代社会中，乡村将会城镇化，这是生产力和生产关系矛盾发展的必然结果，是不可避免的历史趋势。这与他关于城乡对立、矛盾发展的理论分析是一体的，认为未来的社会（共产主义社会）在生产力发展的基础上必然消除城乡对立、形成城乡一体，是乡村向城市生活方式的不断发展。马克思、恩格斯通过历史的考察，发现城市是比国家出现更早的一种形态，其产生的根本动因是社会生产力发展带来的社会分工的出现及

---

①　城镇化和城市化均是人口和产业向城市（镇）的转移，城镇化是中国的城市化，二者之间不存在本质差异，因此，本书在运用这两个概念时不作区别，仅根据使用习惯确定。

其商品交换的频繁。正如恩格斯在《英国工人阶级状况》中所指出的那样："工业迅速发展带来了对劳动力的需要；工资的提高使工人成群结队从农业区涌入城市。"[110] 可见，马克思主义者认为，由于生产力是不断向前发展的，生产力发展基础上的工业发展产生了对工人的需求，同时，由于工业劳动者工资高于农业劳动者，促使人口向城市流动和集中，人口向城镇的集中就成了生产力发展和社会分工的必然结果，在很大程度上体现了现代化程度（亨廷顿，1989）[111]。

（2）城镇的功能。城市之所以会产生和存在，是因为城市具有某些方面的特定功能，马克思和恩格斯研究认为，城市的功能随着历史演变在不断变化和完善。城市功能变化和扩充的基本轨迹是：防御外敌—政治功能—文化和生产功能—经济功能。[112] 马克思和恩格斯认为，早期城市的形成主要是为了防御外敌入侵而进行的集中，但随着社会分工的细化，阶层矛盾及利益冲突导致对城市管理的要求提高，需要更多的行政机构加强管理，这就逐渐变成了城市的政治功能；随着统治阶层生活质量的不断提升，他们需要更多的物质及精神生活，便产生了城市的生产功能及文化功能；在近代资本主义生产力进一步发展和推动下，城市的经济功能变成了一项主要功能，特别是随着市场经济的发展，经济功能开始逐渐占据了主导位置。事实上，在现代社会，城市的功能是融政治、经济、文化等功能为一体的，城镇往往是一个地区或区域政治、经济、文化的中心。列宁将其概括为："城市是经济、政治和人民精神生活的中心"[113]。可见，随着生产力的发展，城市功能日益多样化，在城市的诸多功能中，经济功能是核心、是主导功能。由于经济功能的主导，城市成为地区或区域的科技、贸易与金融的中心，极大便利了人们的生活，"集聚着社会的历史动力"[114]。我们发展新型城镇化，要以城市的经济功能作为主导，同时要配合实现文化、社会管理功能，使之成为居民生产、消费、文化享受的中心。

（3）城镇化分析的逻辑。马克思主义者运用"城乡分离、城乡对立"的逻辑分析未来城乡关系及其变化趋势，认为在人类生产力落后的古代社会，是没有明显的城乡差别的，是浑然一体的；随着资本主义生产力的解放和发展，城乡分离和对立产生了。机器大工业生产带来农业在社会经济中地位的下降，良好的要素向城市集中，城市与乡村产生了对立。"把一部分人变为受局限的城市动物，把另一部分人变为受局限的乡村动物""城市是人口、生产工具、资本、享受及需求的集中，而在乡村则是隔绝和分散"、从事城市工业者和乡村农业者成了"两个不同阶级"[117]。正因为如此，他们指出在未来的共产主义社会，要把消除城乡矛盾和城乡对立作为既定目标，其基本途径是通过对传统农业和农民改造实现城乡融合。马克思和恩格斯认为，消灭城乡对立需要物质条件作为基础，"将城市和农村的优点结合起来""城乡融合使全体社会成员得到全面发展"[115]。可见，马克思主义者的城镇化以资本主义城乡分离、城乡对立为分析的基本逻辑，不但指出了城市产生的原因、趋势、目标，而且指出了城市化的基本途径。他们认为城市化是必然趋势，但由于资本主义城市存在矛盾与对立，未来城市化的走向将是消除对立、实现城乡融合，实现这一目标的最终目的是"实现人的全面发展"，这跟我国新型城镇化原则、目标取向是一致的，说明我国现阶段推进新型城镇化建设是遵循城镇发展规律，遵守马克思主义基本原理，解决现实问题的一次伟大实践。

（4）唯物史观下的空间说。马克思唯物史观将空间分为两种：地理空间和社会空间。地理空间是人类从事生产活动和彼此交往的主要场所，是人类生产这种社会实践对自然实体改造形成的；社会空间是人类的各种社会关系，包括经济、文化、政治及生产生活形成的，更强调生产关系的空间组织。后来的马克思主义者在继承这一唯物史观的基础上，认为空间不但是客观存在的，而且并非是空洞和静止的，"城市空间并非是纯粹的客观存在形式，而是社会的产物"[116]唯物史观的空间说是马克思主义者城市理论的必然延伸，与城市产生的历史必然规律、城市前进和发展方向相一致，体现了城市这种"空间"的历史意义和社会功能。它体现了城市不但具有经济功能而且具有社会功能，不但要注重生产力而且要注重生产关系，是生产力和生产关系的集合。在建设新型城镇化的过程中，要注意城镇功能的多元整合，要将产业集聚与人的发展、社会发展结合起来，避免城乡"二元对立"，避免单纯追求 GDP 增加的"唯经济论"观念，避免仅注重空间结构的"被动式城镇化"所产生的社会风险积聚[117]，应该将城镇这种空间看成生产力发展与生产关系协调的多元空间集合。

（5）公共物品提供与城市。马克思将劳动者的劳动产品区分为两部分，即满足个人一般消费的部分和创造剩余价值的部分。满足个人消费的部分是由劳动者及其家属用来进行个人消费的部分，创造剩余价值的部分是超出个人消费的那部分，用来"满足社会需要，但不问怎样分配"[118]。恩格斯在《反杜林论》中提出："政治统治者只有执行了他们的社会职能时，才能使其统治继续进行下去，"[119]说明执行社会职能是统治者维护统治的必然要求，政府必须依靠提供公共物品满足社会的整体需要。在《哥达纲领批判》中马克思认为，执行公共服务的物质来源是剩余劳动，剩余劳动的增加增大了提供公共服务的物质可能，公共物品是集体劳动所得的成果。马克思公共产品的范畴包括基础设施、保险基金及济贫资金等。马克思认为："随着社会发展，用来满足共同需要的部分会显著地增加并不断增长。"[119] 我们在新型城镇化建设中应当注重城镇基础设施和公共产品供给，这是维护社会和谐、解决集体性消费、保证生存质量的需要。

（6）马克思主义城市化理论对我国新型城镇化的启示。马克思主义者以唯物史观分析了城市化问题，并从历史角度对城市发展进行了考察，这为我国新型城镇化建设提供了理论借鉴，也为未来城镇化发展指明了方向。首先，城市化是生产力和生产关系发展到一定阶段的必然结果，结合我国经济发展现实，城镇化正在以前所未有的速度加快推进。虽然由于种种原因，户籍制度限制了乡村人口向城镇人口的转移，但不可否认的是，不管是否有城镇户口，农民（农民工）向城市的转移成了一种不可阻挡的历史潮流，这是城市高收入和高就业机会决定的。当下，要积极调整包括户籍制度在内的各种生产关系，使之与生产力发展相适应，而不是期望通过处处设限解决问题。其次，纵观资本主义城市发展过程中遇到环境污染、城乡对立等各种矛盾和问题，在我国的城镇化过程中已经遇到或即将遇到，我们要认识到问题的严峻性，同时要相信，这些问题只能靠发展的办法去解决。要辩证地看到这些矛盾和问题既是城市化发展的阻碍，但同时又是城市化向成熟、进步发展的推动力。例如，环境污染问题可以通过加强治理、改进城镇化过程中的矛盾、推动生态农业等城乡互动加以解决。城乡矛盾需要通过改造农业和农民，将城市和农村的优点结合起来，[115] 逐步实现城乡融合，消除城乡的矛盾和对立。再次，随着城镇化的发展，城镇成了区域政治、经济、文化及社会关系的中心，提供城镇公共物品是城市和谐发展的必要条件，我国的新型城镇化正是要补齐公共服务不足的短板，为城镇平稳发展提供保障。最后，城市发展的最终目的是实现人的全面发展，这是城市发展的终极目的。新型城镇化建设一定要为人的发展服务，为人们提供发展的条件，支持人的全面发展并最终实现自由。将"人本思想"不断落到实处，这是我们一切城市工作的基本指针。

2.1.3　政治经济学视角下中国新型城镇化的实质

（1）中国特色新型城镇化提出的时代背景。在中国近年来快速城镇化的过程中，一方面工业集聚及房地产业膨胀式发展对中国经济加速发展起到了重要的推动作用，但另一方面，快速城镇化尤其是土地城镇化过程中也出现了一些严重的问题。这些问题主要有以下三个方面。一是城镇化注重空间扩张的"房地产化"倾向严重。各地以"土地财政"为抓手，掀起了一轮又一轮的卖地高潮，房地产项目如雨后春笋般遍地开花，房价的持续上涨既透支了居民消费能力又推高了企业运营成本。各地"鬼城""空城"的出现造成了资源严重浪费，也为经济可持续发展埋下了严重隐患。二是城镇化快速推进过程中产生了严重的环境问题。传统的城镇化是建立在资源高消耗、高污染、高排放的基础上，城市交通、环境等面临巨大压力，各地产生的雾霾天等恶性环境事件时有发生，导致了"病态的城镇化"。三是半城镇化过程中产生的社会问题日益严峻。虽然劳动力转移在快速推进，但与户籍制度相关的社会公共服务、社会保障、就业政策和社会保障政策没有发生相应的转变，导致进城务工人员和子女、老人、配偶两地分离现象非常严重，"留守儿童""留守老人""留守妇女"等新名词诉说着生活的艰辛和无奈，让进城务工人员难以安心工作，城镇化成了一种不彻底的"半城镇化"。

正是在这种背景下，我国提出了新型城镇化战略，新型城镇化战略从酝酿、提出到目前的试点，经历了一个比较漫长的过程，这一战略目标的继续推进仍将是一个长期持续的进程。从政策导向来看，其实早在 2002 年，党的十六大就提出坚持"走中国特色城镇化道路"；十六届五中全会将新型城镇化提升到了国家战略地位；2007 年 10 月，党的十七大报告中将城镇化列入了"新五化"范畴，之后"新型城镇化"这一名词出现频率不断增大，同时，党的十七大对新型城镇化从理论上给予了明确和界定，尤其是对新型城镇化内涵、指导思想等理论性、基础性问题做了明确；2011 年制定的《国民经济和社会发展第十二个五年规划纲要》是指导新型城镇化的纲领性文件；2014 年颁布的《国家新型城镇化规划 2014～2020》对城镇化主要目标、发展路径和战略任务及制度和政策创新等做了全面的宏观指导，是第一个系统性的有关新型城镇化的发展规划；同年 12 月 1 日，国家发改委发布的《国家新型城镇化综合试点方案》(62 + 2) 标志着新型城镇化从理论到实践推进迈出了重要一步。

(2) 政治经济学视角下中国新型城镇化的实质。第一，短期利益与长期利益的再调整。城镇化是经济发展的必然结果，同时城镇化又通过要素积聚效应、分工和专业化带来的规模经济效应、资源整合带来的创新效应等反作用于经济，从而促进经济增长（孙祁祥等，2013）[120]。因此，我国城镇化近年来加速发展，是我国经济快速增长的结果，反过来，城镇化快速发展又反作用于经济，进一步促进了经济增长，并将长期通过要素积聚、资源整合、创新效应等促进经济增长。但是，在我国城镇化发展过程中，一些地方政府为了政绩，过分追求短期 GDP 增长，使城镇化出现了许多负面问题，魏后凯（2014）将其概括为"四高五低"，即高投入、高消耗、高排放、高扩张，低水平、低质量、低和谐度、低包容性、低可持续性。[121]其具体的表象有诸如"土地财政"促使城市面积快速增加，但相应的公共物品及服务水平无法满足城镇需求；城镇建设过程中，由于大量拆迁，使得城镇原有风貌和特色丧失殆尽，失去了文化传承的连续性；城镇快速膨胀带来了环境污染问题等。可以说，这些问题的产生是现行体制下过分追求短期经济利益的必然结果。从短期看，这样的做法无疑加快了土地城镇化，以房地产为主的投资增加拉动了经济增长，同时也增加了当地政府业绩；但从长期看，房价快速上涨对居民消费能力的透支、因不尊重城镇化规律而带来的城镇产业空心化以及城市可持续发展能力的破坏等许多问题损害了城镇化过程中带来的长期利益。因此，新型城镇化是对我国城镇化过程中出现问题的纠正，是短期利益和长期利益关系的再调整，是更加注重长期利益的体现。

第二，生产力与生产关系的再适应。生产力表征了人类作用于自然的活动状态，是人类改造自然的能力；生产关系是人们改造自然过程中结成的相互关系，这些关系体现在物质资料生产的各个阶段。马克思认为，生产力决定生产关系，生产关系反作用于生产力。当生产关系能够适应特定阶段生产力发展需要时，对生产力能够起到正向推动作用，当生产关系不适应特定阶段生产力发展需要时，对生产力发展起到反向阻碍作用。[122] 根据马克思主义唯物史观理论精神，城镇化是生产力发展到一定阶段的产物。当生产力发展到一定阶段促使城镇产生后，城镇的生产关系相对于原来农村的生产关系是一种全新的关系，这种生产关系应当能适应生产力的需要。但在我国城镇化实践中却出现了生产力已经发展了，但生产关系未能完全随着生产力的发展而发展，表现为居民应当被确立的生产、交换、分配、消费未能完全适应城镇阶段要求，存在着生产组织和配置效率问题、产品相对过剩问题，交换渠道和成本问题、交换价值非等价问题，分配不公平不合理、劳动报酬分配比例过低与要素分配过高问题，消费和生产存在某些方面的脱节问题及由此衍生出的环境破坏、供需不平衡等一系列社会、经济问题。这些问题的出现，表明了我国在城镇化过程中生产力已得到极大发展但生产关系尚不能完全适应生产力的发展要求。因此，国家新型城镇化过程中要调整生产关系，也要调整生产的组织、调整交换流程和价值传递、调整分配的比例和依据、调整消费结构及与生产的匹配关系，调整出现的各种社会问题，这是对各种不适应生产力发展的生产关系的调整。

第三，消费、积累与扩大再生产的辩证统一。整个社会是由众多消费者个体和一系列生产者主体构成的，消费者的收益主要满足个体及家庭成员的消费和再生产。马克思主义者认为，消费与积累是辩证统一的，积累与消费既存在一致的一面，又存在矛盾的一面。在同一面上，积累与消费相互促进，如果积累较多，可用于扩大再生产的资源就越多，越有利于物质资料的生产，有利于提高国民收入，从而有利于促进消费。在对立面上，积累与消费是一对矛盾，积累的多可用于当前消费的就少，反之亦然。经济主体获得的收益是满足其自身消费、积累及扩大再生产的来源，总体来说："生产直接是消费，消费直接是生产"[123]。在消费、积累及扩大再生产的过程中，消费者或经济主体收益多少决定了整个生产、再生产及消费与积累能否顺畅进行。现阶段，我国在此方面要解决的核心问题是处理好积累与消费关系问题，将消费率调整到符合特定社会阶段需要的水平。此外，传统城镇化只注重农民是否进城，但作为城镇新市民，能否在消费、积累与扩大再生产上良性循环是社会经济体系良性运转所必需的。新型城镇化需要考虑农民进城后的利益分配是否足以支持新市民具有可持续的收益获取能力与资本的再生产能力[124]，如何调整消费与积累的关系，特别是针对现阶段我国居民高储蓄、低消费下需求不足问题，与居民消费相适应的结构性供给问题，整个社会积累与消费的关系问题等现实问题。因此，新型城镇化的实质是消费、积累与扩大再生产的辩证统一问题。

第四，追求人的全面自由发展。马克思主义者认为一切生产的实质都是人的自由和解放，是推进"人"这一主体的全面自由发展，因为"全人类的首要生产力就是劳动者"[125]，人是生产的核心，生产的目的是追求人的全面自由发展。马克思主义者坚信，在人类社会的最高阶段——共产主义社会，人的全面自由发展必将实现。人的全面自由发展不但是城镇化的理论要求，而且是城镇化的终极目标，我们所做的一切生产活动和处理的一切生产关系都是针对这一目标。为了实现这一目标，应当从两个层次着手。首先，要将"人"这种生产力发展中最具能动性的要素调动起来，实现人自身生产能力的提升。这是人的全面自由发展的前提，没有人自身的生产能力的发展，就不可能实现人的全面自由发展。在当下我国城镇化的这个阶段，我们务必要强调进一步提升生产力的重要性，实现人的全面自由发展的第一步就是促进人的生产能力提升。新型城镇化中强调产业对城镇的支撑，强调优化配置各种资源，体现了进一步提升生产能力的思想。其次，我们应把是否有利于人的全面自由发展作为判断一切工作是否有利的唯一标准。人的自由全面发展是一个结果，更是一个历史过程，是一项长期的艰巨任务。我国新型城镇化提出的"以人为本"思想正是马克思主义人的全面自由发展宗旨的当代体现，需要更好地贯彻落实。

因此，从马克思政治经济学视角看，新型城镇化是以追求人的全面自由发展为终极目标的城镇化，是生产力发展到特定阶段的必然选择。为了实现人的全面自由发展这一终极目标，就要在促进生产力高度发展的基础上推动生产关系调整和进步，不断解决城镇化过程中出现的矛盾和问题，逐步解除城乡对立，通过提升公共服务等手段最终实现城乡社会融合发展。新型城镇化是将人的解放、人的全面自由发展作为其出发点和立足点的城镇化发展路径，是一个融经济发展、人口发展、社会发展和环境发展为一体的发展系统。

2.2　消费理论

2.2.1　西方现代主流消费理论

不管时代如何发展、理论如何变迁，迄今为止，消费仍然被认为是拉动经济增长的"三驾马车"之一，而且是最重要的"一驾马车"（朱信凯等，2011）[126]。西方发达国家的实践也在不断证明着消费对一个国家经济持续健康发展的重要性。以消费问题为导向的消费理论经历了一个漫长发展过程，从早期重商主义到现代行为理论均对此做了探讨。特别是 20 世纪 30 年代以来消费函数理论的发展，使消费问题成了宏观经济的核心议题之一，消费函数理论也因此成了消费理论的核心。从宏观消费理论的发展历史看，自凯恩斯开创以来，大致经历了确定性条件下的消费理论、不确定性条件下的消费理论以及行为经济学理论三个重要阶段（方福前等，2014）[127]（其中前两个阶段属于现代主流消费理论）。从消费理论的发展路径来看，其基本脉络是沿着确定性到不确定性、消费者理性到非理性的路径展开的，更是在解决现实问题的过程中不断探索向前发展的。行为经济学的发展将消费这种个体消费行为扩展到了习惯、文化等消费者心理层面进行研究。马克思思想中包含了非常丰富的消费思想，作为逻辑分析的工具，其对我们认识消费问题，揭示消费本质以及理解消费为"人"服务的"人本思想"有着非常重要的启迪作用。

2.2.1.1　确定性条件下的消费理论

（1）绝对收入假说。凯恩斯（Keynes，1936）在《就业、利息与货币通论》（以下简称《通论》）中对居民消费问题进行了考察，并首次跨越了利率决定消费的局限，将"收入"这一因素与消费间的关系运用消费函数联系起来，认为居民消费支出主要由居民当期可支配收入决定，但居民消费支出并未随着居民收入增加而同比例增加，存在着"边际消费倾向递减"这一基本规律。[19]凯恩斯认为居民收入与往期相对收入无关，而仅仅与消费当期绝对收入有关，因此，其理论被称为绝对收入假说（absolute income hypothesis，AIH）。绝对收入假说下的消费函数可表示为：

$$C_t = \alpha + \beta(Y_t - T) \qquad\qquad (2-1)$$

其中，C_t 表示居民 t 期的消费，Y_t 表示居民 t 期的当期收入，T 表示居民 t 期所缴纳的税费，α 表示居民当期最低的自发消费，β 表示居民边际消费倾向，$0 < \beta < 1$。凯恩斯的消费函数表明消费随着居民可支配收入这一变量的变化而变化，即消费是当期可支配收入的函数。

　　凯恩斯的绝对收入假说是在分析 20 世纪 30 年代经济危机导致的萧条过程中创立的，其目的是分析危机后总需求不足的原因并对此提出解决之策。他在分析过程中首次运用总需求分析代替传统微观分析，为宏观经济学发展做出了开创性贡献。在政策层面，该理论强调政府干预经济的重要性，认为鼓励消费是解决消费需求不足的重要途径之一。《通论》中提出的消费理论与投资理论一道构成了有效需求理论的两块基石，在西方经济学说史上具有重要的地位。[128]

　　（2）相对收入假说。凯恩斯创立的绝对收入理论对解释消费变化的原因做出了重要贡献，但也在实证检验中出现了诸如"库茨涅茨悖论"等问题。为此，杜森贝利（1949）[20]提出了相对收入假说（relative income hypothesis, RIH），试图修正和完善凯恩斯的消费理论，以增强对现实问题的解释能力。杜森贝利的消费理论在其著作《收入、储蓄和消费者行为理论》（1949）中得到了系统的诠释。相对收入假说认为，凯恩斯对消费者个体独立性和消费行为可逆性的假定是不合理的，由于消费"黏性"的存在，消费不仅仅与现期收入有关，而且与过去的消费行为有关（即将"过去收入"引入消费函数），表现为"刺轮效应"（ratchet effect）和"示范效应"（demonstration effect）。"刺轮效应"表明消费者的消费会受到以前消费习惯的影响，而这种习惯一旦形成就不会轻易改变，具有不可逆性。这种消费习惯是由消费者在过去"高收入"时期形成的，受到"高峰期"消费影响。当消费者收入下降后，这种高收入时期形成的消费习惯并不会立即改变，可谓"由奢入俭难"。"示范效应"指的是某一消费者的消费不仅与个人收入有关，而且会受到其周围人的影响，特别是周围高消费群体的影响，具有向高消费者攀比和模仿的特性。由于示范效应的存在，当某一消费者收入水平下降后，其消费水准为了保持与周围人群相当并不会减少很多。"刺轮效应"和"示范效应"表明消费支出与消费者过去高收入时期的消费习惯及周围人群的消费有关，具有"相对性"，因此被称为相对收入假说。相对收入假说下的消费函数可近似地表示为[129]：

$$C_t = aY_{max} + b(Y_t - Y_{max}) \qquad\qquad (2-2)$$

其中，C_t 表示居民 t 期的当期消费，Y_t 表示 t 期的当期收入，Y_{max} 表示 t 期之前期间的最高收，a、b 分别表示以前消费习惯（最高收入）的影响系数及消费习惯以外的收入的影响系数。

（3）持久收入假说。美国经济学家米尔顿·弗里德曼（Friedman，1957）认为，影响居民消费的收入是有时间尺度的，可分为永久收入（或持久收入）和暂时性收入，永久性收入是可预期的较稳定的收入，而暂时性收入是不可预期的偶尔收入。[21] 这样，居民当期的消费并不是由当期可支配的绝对收入或相对于其他消费者的相对收入决定，而是由其长期的持久收入决定，理性的消费者为了减少消费的波动而会选择"拉平"一生消费，弗里德曼认为消费是由持久收入决定的理论被称为持久收入假说（permanent income hypothesis，PIH）。该理论可用以下数学表达式表示[129]：

$$C_t = \frac{1}{T}\left(A_0 + \sum_{t=1}^{T} Y_t\right) \qquad (2-3)$$

其中，C_t 表示居民第 t 期的消费，A_0 表示居民初始所拥有的财富，Y_t 表示第 t 期的劳动收入，T 表示居民的生命存续周期。

持久收入假说在考虑居民消费时，将财富、年龄分布等收入以外的因素纳入分析框架，扩充了消费理论的认识范畴。它的政策意义在于：认为短期的临时减税措施对居民消费意义不大，对当期消费影响很小，增加消费主要依靠未来预期收入的增长；居民储蓄率与收入无关，提高居民消费倾向的途径是降低收入不平等。

（4）生命周期假说。生命周期假说（the life-cycle income hypothesis，LIH）是由莫迪里安妮和布伦伯格（Modigliani & Brumberg，1954）[130] 在持久收入假说的基础上进一步发展而提出的理论。该理论认为消费者是具有"前瞻性"的，能够理性地将其整个生命周期内的收入进行合理分配而安排当期消费。当期消费支出的多少取决于消费者对其未来收入的预期，人们会根据其一生预期收入调整平衡各期间的消费，从而平滑其整个生命周期内的消费波动。生命周期假说与持久收入假说的最大差别在于生命周期理论更加关注生命特征变化引起的"急需"（modigliani，1986）[131]，而持久收入理论对人口特征几乎不予关注，更关注长期、动态的消费 – 收入关系。生命周期假说在假定消费品价格不变、利率不变及不存在遗产赠予和继承的情况下，根据预算约束追求消费者一生效用最大化，从而构造了消费函数：

$$\text{Max } U = U(C_t, C_{t+1}, \cdots C_L)$$

$$\text{s. t. } \sum_{k=t}^{L} \frac{C_k}{(1+r)^{k-t}} = A_t + Y_t + \sum_{k=t+1}^{N} \frac{Y_k}{(1+r)^{k-t}} \qquad (2-4)$$

其中，U 表示消费者的效用，C_t，C_{t+1}，…，C_L 表示消费者一生的消费，A_t 表示消费者第 t 年的财富，Y_t 表示消费者第 t 年的收入，$\sum_{k=t+1}^{N} \dfrac{Y_k}{(1+r)^{k-t}}$ 表示 t 年以后各期的预期收入的现值。式（2-4）表明，消费者在个人预算约束下通过预期收入的衡量，进行消费跨期安排从而追求一生效用的最大化。

2.2.1.2　不确定性条件下的消费理论

随着由现实问题的解释催生的消费理论的进一步发展，对消费理论的研究逐渐由确定性向不确定性扩展，20 世纪 70 年代出现的理性预期假说为传统消费理论转向不确定性分析提供了依据。从消费实际看，影响消费的因素，如居民家庭收入、消费习惯及消费环境等均存在未来的不确定性，导致居民消费也存在不确定性。基于不确定性状态下产生的消费理论被称为不确定性下的消费理论，比较著名的有随机游走假说、预防性储蓄假说及流动性约束假说。

（1）随机游走假说。哈尔（1978）[23] 提出的随机游走假说（random walk hypothesis）是在不确定性条件下解释消费问题的代表理论。哈尔通过对宏观消费问题的研究，发现生命周期假说中对未来财富的测量及持久收入假说中对永久性收入的估算均存在很大困难，于是他提出了替代性的解决办法为：把消费变化经验性地模拟为通过"新信息"来确定[132]。哈尔认为，在财富及永久收入、未来的消费都以理性预期的前提下，消费或收入过去的变化关系反映的信息对现期消费没有丝毫影响，即除了本期消费外没有任何变量能帮助预测下期消费，在追求效用最大化前提下，消费者的消费行为是一个随机游走过程。在理论推导过程中哈尔应用数学方法将欧拉方程运用到对持久收入和生命周期模型的拓展中，用预期效用取代效用，从而将不确定性问题嵌入函数中。在假定利率不变的情况下，消费者预算约束下效用最大化方程为：

$$\text{Max } E[U] = E\left[\sum_{t=1}^{T}\left(C_t - \frac{a}{2}C_t^2\right)\right], a > 0$$

$$\text{s. t. } \sum_{t=1}^{T} C_t \leqslant A_0 + \sum_{t=1}^{T} Y_t \qquad (2-5)$$

其中，E(·) 表示 t 期的预期效用，A_0 表示初始财富，Y_t 表示 t 期的收入，C_t 表示 t 期的消费。哈尔假定效用函数为二次型，运用欧拉方程对式（2-5）进行变换后得到：

$$C_t = \beta_0 + \beta C_{t-1} + \varepsilon_t \qquad (2-6)$$

式（2-6）是哈尔随机游走假说的核心结论，表明消费是一个随机游走过程。其理论含义为：只有预期改变时，消费者会根据未预期到的变动因素调整消费，即根据收入现值当前预期和上期预期的差额部分调整消费。其实践意义有：第一，如果预期到消费要发生变化，则消费者可以更好地平滑一生消费。例如，当消费者预期未来消费要上升，则可以增加本期消费；若消费者预期到未来消费要下降，则可以减少本期消费。这意味着做出这样的选择可以增加当期消费的边际效用，从而增加总效用水平。第二，由于收入提高而增加生命周期内总财富时，消费者可根据每期增加的年金现值来增加消费量，持久收入比暂时性收入对消费产生的影响更大。

（2）预防性储蓄假说。预防性储蓄假说是莱兰（Leland，1968）、泽尔斯（Zealds，1989）、魏尔（Weil，1993）等在哈尔不确定性研究的基础上提出的。预防性储蓄动机（precautionary saving motivation）是指消费者为了规避未来产生的风险，特别是收入下降而带来的消费波动，会选择增加额外的储蓄来应对不时之需。按照预防性储蓄理论，与确定性情况下不同，在不确定性情况下消费者会选择通过增加储蓄来应对风险，从而平滑消费。消费者做出这种选择的原因一般是基于消费者谨慎性偏好动机、流动性约束或未来经济环境的不确定性。例如，莱兰认为，未来收入不确定程度越高，未来消费的预期边际效用会越大，这将促使居民更多地储蓄。[133] 泽尔斯（1989）认为，面对居民收入的不确定，假设居民的持久收入遵循随机游走过程，每一期的消费都可能受到暂时收入或永久收入的影响。[28] 魏尔运用数学推导的方法证明了预防性储蓄的存在，并认为预防性储蓄动机是由未来收入的不确定性决定的。[134]

预防性储蓄假说未能脱离生命周期假说、持久收入假说及随机游走假说的理论路径，而是通过增加临时条件对非平滑的消费现象进行解释，无法建立明确而一贯的消费与预防性储蓄的数量关系，在依赖特殊变量解释消费的过程中变量的选择和计算异常困难。同时，过分强调外在因素对消费的影响却忽略了内在的主观原因也是其存在的主要问题。当然，其存在的这些问题虽然影响了预防性储蓄理论的应用，但仍然对现实问题具有一定的解释力，因此，预防性储蓄理论也成为 20 世纪 90 年代以来的主流消费理论。

（3）流动性约束假说。流动性约束（liquidity constraint）也称信贷约束，是指由于金融市场制约，居民欲通过跨期配置平滑消费时，从金融机构或其他非金融机构获得贷款所受到的种种限制，这与持久收入假说中可以通过借贷维持消费的假说不符。因此，在面临流动性约束的情况下，消费者会选择减少当期消费，同时也会相应增加储蓄为未来消费做积累。流动性约束论者通过构建消费函数进行了理论分析和实证检验。

哈尔将消费者分为符合随机游走特征的消费者和流动性约束的消费者两

类，并分别用 C_{1t}、C_{2t} 表示他们各自的消费，用 Y_{1t}、Y_{2t} 分别表示他们各自的收入，Y_t 表示他们的总收入，λ 表示不符合随机游走特征的消费者消费支出占总收入（Y_t）的比例，则各自的消费方程为：

$$C_{1t} = C_{1t-1} + \varepsilon_t \qquad\qquad (2-7)$$

$$C_{2t} = \lambda Y_t \qquad\qquad (2-8)$$

合并式（2-7）和式（2-8）后得到：

$$C_t = C_{1t-1} + \lambda Y_t + \varepsilon_t \qquad\qquad (2-9)$$

坎佩利和曼丘（Campell & Mankiw, 1989）[135]对此进行对数化处理，得到了目前常用的流动性约束估计模型：

$$\Delta \ln C_t = \alpha + \lambda \Delta \ln Y_t + \varepsilon_t \qquad\qquad (2-10)$$

后来的研究者对此进行了扩充，将利率（ludvigson, 1999）[136]和不确定性（Madsen & McAleer, 2000）[137]加入模型后构建了以下消费函数：

$$\Delta C_t = \alpha + \lambda E_{t-1} \Delta Y_t + \beta \Delta C_{t-1} + \varepsilon_t \qquad\qquad (2-11)$$

其中，ΔC_{t-1} 表示不确定性变量，这里是用 C_{t-1} 做了代理变量。

流动性约束理论在运用过程中找到代理变量非常困难，这限制了消费函数的应用。当然，流动性约束理论的最大贡献在于认识到加快金融市场的发展和完善对于促进居民消费的重要作用。

2.2.2　行为消费理论

前述的主流消费理论是在新古典经济学框架下发展起来的，以持久收入和生命周期假说为基础，假定消费者理性的基础上推演其终生效用最大化的最优选择问题。然而，越来越多的研究者认为，大多数消费者不是完全理性的，而且对于效用最大化的动态规划也缺乏专业的知识和技能，这些被主流的消费理论忽略了。正因为如此，一些经济学家开始关注个体心理对消费行为的影响，试图更好地解释居民消费中出现的"退休消费之谜"（retirement consumption puzzle）、"炫耀性消费之谜"（conspicuous consumption puzzle）等消费异象。从理论层面看，20 世纪 80 年代以来行为经济学的发展是推动行为消费理论发展的理论基础。行为消费理论中比较著名的、代表性理论有行为生命周期假说和双曲线贴现理论等。

（1）行为生命周期假说。行为生命周期假说（behavioral life cycle hypothesis）是由谢夫林和塔莱（Shefrin &Thaler，1988）[138]提出的，他们将行为经济学和生命周期假说理论相结合，认为在消费者心目中都有个"小算盘"（心里账户，mental account）来盘算自己的财富分配，假设即便不存在贷款等信用配给的情况下，不同类型账户也是不可以相互借用的，以不同的财富分配来反映不同消费者的消费心理。消费者划分心理账户的目的是更加有效地提高自身财富的使用效率。谢夫林和塔莱按照财富的可支配期间和诱惑程度大小将心理账户的财富划分为三类：当期可支配的收入账户、当前资产账户和未来收入账户。① 当期可支配收入最容易实现消费，即对消费的诱惑程度最高，当前资产对消费的诱惑次之，未来收入诱惑最低。他们认为，消费者是一个自我冲突的矛盾体，每一个消费者心目中都住着"两个不同的自我"：一个注重短期的即期消费效用（被称为 order，即行动派），一个注重长期的一生消费效用（被称为 planner，即计划派），这两者之间会产生矛盾和斗争，经过妥协后最终形成个人的消费决策。而在短期与长期消费安排中，理论上一生消费效用最大化是明智的选择，但人的自我控制能力不足会导致不同的人认为的短期效用和长期效用的边际消费倾向存在差异，于是便会做出不同的安排，即不同形式的财富是不能完全被替代的，这和消费者理性的传统消费理论的假设是相悖的。

（2）双曲线贴现理论。在行为消费理论之前，新古典假设下的消费理论在研究消费过程中的一般假说贴现率是一个保持不变的常数（记为 r），若将贴现函数记为 D(t)，则 $D(t) = (1 + r)^{-1}$，该函数表明，随着时间推移，该函数以不变的比率随时间递减。即消费者对时间的偏好是一致的或时间偏好跨期是不变的，因此，在做出消费决策时，消费者是不考虑贴现率因素的。然而，事实和经验研究表明，消费者跨期的时间偏好并不一致，呈现跨期递减的特性，即消费者喜欢当期消费胜于后期消费，贴现函数随时间推移比率不断变小，无法用标准的幂函数形式表示。

为此，一些行为经济学家试图建立函数，模拟消费偏好跨期递减这一特性。钟和赫恩斯坦（Chung & Herrnstein，1967）[139]通过对动物实验的方法提出了 D(t) =1/t 的双曲线贴现模型，费尔普斯和波利亚克（Phelps & Pollak，1968）[140]对此进行了改进，加入了代际利他行为因素，提出了标准的双曲线贴现模型：

$$D(t) = \begin{cases} 1, & t = 0 \\ \beta r^t, & t > 0 \end{cases} \tag{2-12}$$

① Shefrin & Thaler（1988）所指的当期可支配收入账户等于当前收入减去养老金后的余额；当前资产账户指除养老金之外的个人主动储蓄的累积数，包括储蓄、证券、房产等资产；未来收入账户是指未来的劳动收入加养老金。

其中，β < 1，表明当期和下一期以后的后续贴现因子随着时间的后移逐渐变大。

后来，哈维（Harvey，1986）[141]在此基础上提出了更为一般的贴现模型，并经由勒文施泰因和普雷莱茨（Loewenstein & Prelec，1992）[142]发展后得到以下模型。

$$D(t) = (1 + at)^{-\beta/\alpha} \qquad\qquad (2-13)$$

其中，β、α > 0，t 表示消费时间，式（2 - 13）表明随着时间推移，D（t）的递减速度越来越慢。双曲线贴现模型能够较真实地刻画时间偏好的跨期特征，但偏好不一致的情况下最优消费决策求解却很难实现。

除了行为生命周期假说和双曲线贴现理论外，估测偏见消费模型、动态自控偏好消费模型等也是行为消费理论发展中的重要成果。行为消费理论扩展和弥补了新古典假设下消费理论的不足，扩展了消费理论对居民消费行为的解释能力，深化了消费理论的发展路径，对刻画因消费者行为和心理差异而产生的消费差异提供了崭新视角。

2.2.3　马克思主义人本消费思想

马克思的著作中涵盖了丰富的消费思想，这些消费思想在其著作《1844年经济学哲学手稿》《〈政治经济学批判〉导言》《哥达纲领批判》《资本论》《反杜林论》《德意志意识形态》等文献中均有体现。马克思在分析消费问题时采用了与西方主流消费理论不同的方法，从制度视角分析消费问题，将消费问题纳入资本主义制度框架下，运用其哲学和唯物史观分析工具，批判分析了资本主义制度下消费不足的根源，认为资本主义私人占有制必然导致生产与生活消费的矛盾并产生消费异化现象。正因为这样，马克思主义者认为社会主义制度能够很好地解决消费问题。在马克思主义的消费思想中，其"人本消费思想"对指导我国新型城镇化建设中的消费具有重要意义。马克思将消费分为生产性消费和生活性消费，本书所指的消费问题指的是居民个人的生活性消费。马克思特别强调消费对"人"的重要性，我们将马克思从人的需求的满足出发到人的价值的实现的消费论点称为"人本消费思想"。综合马克思"人本消费思想"，我们可以将其理论要点归纳为以下四个方面。

（1）消费是人的基本需要。马克思认为，消费是人的第一历史活动，"人们为了能够创造历史，必须能够生活。为了生活，就需要衣、食、住及其他东西"[143]。他认为不管是生活资料还是生产资料，最终都是为了满足人的需要，有些是作为生活资料来直接满足的消费品，有些是作为生产资料间接满足人们的需要。

（2）消费是社会经济活动的终极目的。马克思认为消费是社会再生产的起点："没有消费，就没有生产，因为如果这样，生产就没有目的。"[144]"消费创造出新的生产需要，因而创造出生产的观念上的动机……，消费还创造出主观形式上的生产对象。"[145]

（3）消费是满足人的全面发展的实现路径。马克思认为，消费不仅具有自然属性而且具有社会属性，可以把消费看成是生产关系的重要组成部分。"产品的消费再生产出一定存在方式的个人自身，再生产出……处于一定社会关系中的个人——因而再生产出他们的社会存在"[146]。

（4）生产决定消费，消费对生产起反作用，在某些情况下甚至起决定作用。马克思主义认为生产和消费是辩证统一的，生产决定消费，但消费对生产具有反作用。马克思之所以认为生产决定消费，有以下两点原因。第一，生产决定了消费的对象和内容，没有生产就没有可供消费的物质基础，即"生产创造出、生产出消费"[147]。第二，生产决定消费的性质、方式和水平。物质产品作为消费对象，如何消费、采用什么样的方式和工具消费也取决于生产。"不仅消费的对象，而且消费的方式，无论客体还是主体，都是由生产所决定的"。[147]他之所以认为消费对生产起反作用是因为以下两点因素。第一，消费是生产与再生产的基本条件。要进行生产与再生产，必须进行一定的物质消耗，这是进入下一个生产循环的基础。第二，消费为生产提供了动力和指引。没有消费，生产就没有动力、目标与方向。从这个层面来讲，某种情况下消费甚至决定了生产。

可见，消费关系连接社会关系，在社会主义制度下，社会发展最终要满足人的全面发展。人类为了维持生存、发展和延续后代所需的生理需要、精神需要和社会需要都是社会历史发展的产物。因此，消费需求对人的全面发展起着非常重要的作用，其本质是"对人的本质的真正占有""是人和自然之间、人和人之间矛盾的真正解决"[148]。

2.3　城镇化理论中的消费议题

2.3.1　"二元经济结构"理论与消费

著名的发展经济学家阿瑟·刘易斯（W. A. Lewis，1954）在其《无限劳动

供给下的经济发展》一文中提出了二元经济结构理论[8]，拉尼斯和费景汉
(G. Ranis & John C. H. Fei, 1961)、乔根森（D. W. Jorgenson, 1961）和托达罗
(1969) 进一步对其进行了发展和延伸。该理论认为，发展中国家普遍存在着
以农业为代表的传统部门和以工业为代表的现代部门两个部门。[151]城镇的现
代工业部门和农村的传统农业部门在劳动生产率、收入及其由此导致的居民消
费间存在着巨大差异，从而产生了农村落后农业与城镇先进工业并存的"二
元经济结构"。[7]在传统农业部门，由于存在着近乎无限供给的劳动力，城镇
高就业率和高收入成为吸引农村剩余劳动力向城镇转移的动力，而农村剩余劳
动力向城镇转移其实就是城镇化过程。刘易斯认为由于城乡收入和劳动生产率
差异导致农村人口向城镇的转移能提高整个社会的需求水平。在农村人口向城
镇转移的过程中，城镇高就业率和高收入使得新城市市民收入较之前在农村有
了大幅度提高，从而促进了整个社会需求，特别是居民消费需求的增加。刘易
斯的二元结构理论表面看是解释经济发展过程中劳动力转移的，但实质上包含
了经济增长与人口流动、工业化与城市化的结合[151]，对认识城镇化过程中收
入增加、居民费用增加及由此引发的消费增加具有重要的理论价值。拉尼斯和
费景汉强调农业生产率提高的推动作用，认为农业生产率提高使农村剩余劳动
力增加，农村剩余劳动力的流出是工业化与城镇化的重要基础。乔根森认为消
费需求拉动是农业剩余劳动力向非农部门流动和转移的根本原因，更强调消费
结构对经济发展的根本性驱动。在经济发展过程中，农业剩余劳动力之所以持
续向工业部门转移，是因为人们对农产品需求是有限的，对工业品需求是无限
的。[149]乔根森的理论说明人们对工业品消费需求是无限的，这正是工业化的
动力，也是城镇化过程中消费必然扩张的结果；托达罗更强调收入预期对人口
流动的影响，并给出了基本函数：

$$M = f(d) \quad f' > 0 \qquad\qquad (2-14)$$

其中，M 表示迁入城市的人口数，d 表示城乡预期收入差异，f' > 0 表示城镇
预期收入大小与农村流入城镇人口呈正向变动关系。托达罗模式的最初目的是
强调人口流动驱动力是城乡之间较大的预期收入差异，而事实上，城镇居民收
入往往要高于农村居民收入，农村居民向城市流入的过程其实就是城镇化过
程，而随着城镇人口增加，全社会居民整体收入会增加，消费必然也会增加。

2.3.2　区位理论与消费

　　人口和经济活动在区位条件优越的地理空间上的集中会产生多方面的外部

经济性，如需求关联和成本关联的循环累积因果效应、劳动力市场的共享效应和知识技术的外溢效应等，城市化会通过"集聚效应"和"规模效应"促进需求扩张和经济增长。经济集聚的区位理论中当属冯·杜能（J. H. von Thunen，1826）的农业区位论、韦伯（A. Weber，1909）的工业区位论和克里斯托勒（Walter Christaller，1939）的中心地理论最具代表性。区位理论认为城市是一种聚集性的生产方式，是生产要素在空间的集聚，城镇的集聚性创造出了比分散系统更大的社会经济效益。其实，英国古典经济学家威廉·配第（2010）早在十七世纪就在其著作《政治算术》中描述道："制造业比农业，商业比制造业能得到更多收入，收入差异使得人口向高收入产业转移。"[13]造成集聚的因素被认为是复杂的，集聚既有同类产业的集聚也有不同产业的集聚，同类产业往往是由于自然条件、产业的相互吸引等因素，不同产业集聚往往是因为产业关联、运输等外部设施共享等促成。[150]总体来看，集聚主要是为了节约费用，微观经济学主流思想认为其是企业为了追求利润最大化而形成"空间垄断价格"进行的组合[151]。新经济地理学也关注集聚因素，认为运输成本与规模报酬的权衡是理解集聚的关键因素。

可见，在城镇化过程中，城市这种生产生活空间能够产生外溢效应，尤其是通过节约运输成本促使产业集中。产业集中和进步使产业结构不断高级化，也促进收入高增长及人口集聚，从而使得社会需求包括居民消费需求产生持续性增长。参照孙久文（2016）[152]的分析，可运用数理模型进行如下分析。

设城市的消费为收入 Y 和人口 P 的函数，其方程为：

$$C = f(Y,P) \tag{2-15}$$

如果人均消费为 C/P，则总消费量为：

$$C = P \times \frac{C}{P} \tag{2-16}$$

为了使新增加的城市人口保持现有水平的消费量，就要增加 ΔC_1 的消费量，则：

$$\Delta C_1 = \Delta P \times \frac{C}{P} \tag{2-17}$$

新增加的总消费应该还有非人口增加因素造成的，用 ΔC_2 表示，则城市增加的总消费为 ΔC_1 与 ΔC_2 之和：

$$\Delta C = \Delta C_1 + \Delta C_2 \tag{2-18}$$

因此，城市化过程中的人口增加及非人口增加因素共同促进了消费增加。

2.3.3　经济发展阶段与消费

发展经济学家罗斯托（W. W. Rostow）、钱纳里（H. B. Chenery）、乔根森（D. W. Jorgenson）和库茨涅茨（Kuznets S.）等将经济增长阶段、工业化与城镇化发展过程与居民消费现实相结合，发现了消费的一些规律，这也成为我们研究城镇化过程中消费的重要理论，特别是库茨涅茨对消费倾向变动原因的分析，对分析我国居民城镇化过程中消费变动有很重要的理论价值。

罗斯托（1960[35]；1971[36]）将经济增长划分为六个阶段，在这六个阶段中，起飞阶段是农业社会向工业社会的转化，人们的消费开始增加；进入高额群众消费阶段后，社会将进入"消费社会"，消费社会的注意力将从生产转移到消费。钱纳里（1988）选取世界 101 个国家的消费数据，对此进行了实证，结果发现居民消费率与 GNP 相关。但总体上看，随着人均收入水平提高，居民人均消费率是下降的。[37]乔根森（1961）的二元结构理论认为消费结构对经济发展起着根本驱动作用，在消费需求拉动下农业剩余劳动力向非农部门流动和转移。[10]库茨涅茨（1971）对美国的实证研究得出了"库茨涅茨悖论"：长期平均消费倾向是稳定的，边际消费倾向与平均消费倾向大致相等。库茨涅茨认为城市化过程中消费增加，主要是出于以下原因：一方面，城市化过程会使得一些因素发生变化从而影响消费。一是城市化过程的产业集聚意味着国内分工加强及专业化程度的提高，农村经济活动向商业转变，居民自给性消费变成了市场性消费，必然提高消费支出。二是城市社区的拥挤意味着需求满足需要花费更高的成本，如住房、交通等支出（消费）均比农村要高。三是城市因示范效应和对新产品的近距离接触造成的敏感也会使得消费支出上升。[153]另一方面，城市化过程中技术的进步和变革改变了消费品的供给能力。"技术变动无论是在诱发更高的人均消费还是改变消费结构上，都是主要因素。"[154]

2.4　与新型城镇化相契合的居民消费主要影响因素

通过上述理论的梳理，发现影响居民消费的因素是比较复杂的，既表现在影响因素数量之多上，也反映在影响因素自身特性的复杂上。现代消费理论认为影响消费的因素涵盖消费意愿和消费能力两大方面，具体包括收入、财富、收入预期、利率、消费习惯、公共基础设施、社会保障、流动性约束等，甚至制度设计、消费文化也会影响消费。以此为基础，结合新型城镇化理论及发展经济学关于城镇化过程中消费变动相关理论，本书将居民消费影响因素主要聚焦并归纳为与新型城镇化契合度较高的居民收入及财富、消费习惯、政府公共支出等三大方面。新型城镇化虽然不是居民消费增长的直接因素，但它可以可通过对消费影响因素施加作用，进而对居民消费产生影响，本书将在第3章对其具体机理做深入分析。

2.4.1　收入、财富及收入差距

在经济学中，收入与财富是两个不同的概念，收入通常是以流量形式体现，而财富是以存量形式体现，但收入与财富也存在着相互转换关系，收入可以转化成财富，财富也可以带来收入。在居民消费研究中，收入和财富往往交织使用，尤其以收入为主。早在古典经济学时期，收入就被认为是影响居民消费的首要因素，不过，斯密认为，收入是表面原因，收入来源才是根本原因，赚钱难易程度决定了消费多寡。现代消费理论研究表明，收入及财富存量是影响居民消费的核心因素，是关注居民消费的基本着眼点，更是消费函数的核心变量。消费理论对居民收入进行了多角度深入研究：围绕居民消费受绝对收入还是受相对收入影响产生了绝对收入假说和相对收入假说，围绕是暂时性收入还是永久收入产生了持久收入假说，围绕消费行为是否稳定产生了随机游走假说，围绕一生财富调剂是否受到金融环境支持产生了流动性约束假说。绝对收入假说认为居民当期的可支配收入多少决定了居民当期的消费。相对收入假说认为居民消费多少是与其相对收入有关的，即相对于过去的"高收入"之收入大小、相对于他人本人收入之多寡：过去的相对收入越高，居民消费越多；周围人收入越高，居民本人消费越多，表现为"刺轮效应"和"示范效应"。持久收入假说认为，影响居民消费的不是暂时性的偶然收入，而是可预期的持久收入。随机游走假说认为初始财富拥有量和当期收入及预期效用会影响和约束消费行为。流动性约束假说认为即便一生预期收入很高，在流动性受到约束的条件下也会制约居民长期消费，因此，金融环境与政策会通过收入发生作用而影响居民消费。此外，从全社会来看的话，表明收入与财富分配质量的收入差距也会对消费产生影响，马克思的消费不足理论及后来的研究者对此均有较为深入的探讨。

2.4.2　消费习惯

消费习惯对居民消费的影响早在古典经济学研究中就被重视。亚当·斯密认为，风俗习惯会影响到居民对消费品的需求结构。"按照英格兰习俗，皮鞋是男女生活必需品；但在苏格兰，皮鞋仅是男性的必需品；到了法国，无论男女皮鞋均不是必需品。"[155]西斯蒙第也认为，消费习俗通过个人心理、偏好等影响消费。"消费者的爱好可以随时尚而改变，也可以随着移风易俗而改变；……随着人民群众的宗教信仰的改变，也可以改变消费者的爱好。"[156]现代主流消费理论也不乏对消费习惯的研究，杜森贝利的相对收入假说就认为，消费者的消费会受到以前消费习惯的影响，习惯一旦形成就不会轻易改变。杜森贝利主要强调的是以前消费的多寡会对后期消费有影响而产生"棘轮效应"，表明了习惯的存在性，而"示范效应"则表明了消费习惯也可以受到他人的影响而逐渐改变。消费习惯是一种个人消费行为，行为消费理论特别注重个体心理对消费行为的影响，不同消费者具有不同的消费心理使得其在消费中自然不自然地受到自身心理的影响而产生习惯性行为。不管是古典经济理论还是现代主流消费理论抑或行为消费理论，给予我们的重要启示都是：消费习惯是影响居民消费的重要因素，习惯和习俗既可以在一定的期间内存在，也可能受到外界环境或其他消费者的影响而逐渐改变。

2.4.3　公共支出

公共支出的资金来源于税收收入。一方面，公共支出的增加保障了居民部分公共需求，从而使居民将自身更多的收入用于消费，这对整个社会消费需求将会产生促进作用，尤其是通过公共支出的转移支付，相当于将富人的部分收入转移给了穷人，从而提高了整个社会的边际消费倾向，公共支出促进消费的这种作用被称为"挤入效应"（crowding-in effects）。但另一方面，税收的增加将使社会财富的分配向政府倾斜，增加了政府消费，从而减少了个人对社会财富的分配比重，抑或通过征税提高了产品价格，从而降低了居民个人消费能力，被称为"挤出效应"（crowding-out effects）。古典经济学家从可支配收入和商品价格两方面来看待税收对居民消费的影响。如亚当·斯密所述："一种税加在货物上，可能使此货物昂贵，从而减少此货物的消费""一种重税，有时会减少所得税物品的消费"[155]。公共支出对居民消费到底会挤入还是会挤出可能取决于公共支出的多少、用途及其效应的对比关系。对此，贝利（Bailey，1971）认为，1 单位的公共服务等价于大于 0 但小于 1 的私人消费，公共支出对经济总量的影响取决于公共与私人消费之间的比例关系。[157]

　　除了以上主要影响因素外，流动性约束、文化、人口学特征等也被认为是影响消费的因素，本书将重点关注以上三方面的主要因素。

第3章

新型城镇化驱动居民消费的机理分析

在第2章理论梳理的基础上，本章将对新型城镇化驱动居民消费的机理进行深入的逻辑分析，为后面章节的实证研究构建理论框架。

3.1 新型城镇化驱动居民消费增长的基本机制

3.1.1 新型城镇化与居民消费的耦合

在对消费理论的梳理中发现，现代西方消费理论是在解释消费现象的过程中产生并不断向前推进的，当现有理论对现实问题无法给出满意的解答时，新的消费理论便会应运而生，并试图从新的角度和视角去解释消费现象，而所有理论关注焦点都离不开消费影响因素。绝对收入假说、相对收入假说、生命周期假说、预防性储蓄假说及行为消费理论无不体现着对居民消费影响因素的关注。马克思主义者更是从历史批判和生产力发展、生产力和生产关系辩证统一角度对消费问题进行了分析和研究。我国提出的新型城镇化是对城镇化过程中所出现问题的纠偏，但新型城镇化首先也是城镇化，城镇化过程所带来的经济增长和社会生活改变等后果，在新型城镇化阶段同样会表现出来，只不过会更加注重城镇化质量、突出以人为核心。新型城镇化不是对城镇化的否定，而是对传统城镇化的改良。新型城镇化是在"人本思想"的指导下提升城镇化质量的城镇化，更加注重农民工的市民化，更加注重"宜居"型城镇建设。新型城镇化与居民消费的耦合机制关键在于新型城镇化会产生什么样的后果及这样的后果与居民消费存在什么样的联系。那么，新型城镇化过程会产生什么样的后果呢？

（1）新型城镇化将加快人口和产业的集中，从而提升企业效益和增加居民收入。按照区位理论和发展经济学理论，人口和产业集中会产生集聚效应和规模经济效应。在人类社会发展中，城镇往往是一个区域科技、技术、人才、资本、信息等要素的高度集聚地带，是地区政治、经济、文化中心；要素集聚使得各项经济活动在空间上彼此靠近、相对集中，从而有利于资源优化配置和信息共享，并节约生产成本和交易成本，提高企业经济效益；产业集中有利于生产分工和专业化，从而有利于生产效率提升；生产的高效率会促使企业高收益和员工高收入，从而奠定消费增长的现实基础。其主要表现为："城镇产业发展为居民提供了更多就业机会，信息条件的变量和消费品市场丰富改变了消费决策约束条件，大量人口聚集可使人们的思想广泛地沟通，改变了消费观念，从而提高了生活水平，使消费者得到更大效用。"[158]

（2）城镇这种生活方式相对于农村会产生更多消费需求。城镇和农村相比，意味着一种全新的生存环境和生存方式。在农村这种生存环境下，农业生产者可以通过自给自足的方式解决大部分或一部分个人消费需求。即便农业生产者需要从市场购买消费品，但在农业生产条件下往往没有足够收入来源支撑消费需求扩张。而在城镇，现代部门生产者则需要从市场购买全部或大部分消费品，包括服务来满足个人消费，而且城市现代部门劳动生产率高、收入水平也相对较高，可以支撑消费需求扩张。按照刘易斯二元结构理论，在发展中国家，城乡之间在劳动生产率、居民收入方面存在着巨大差异，而这一差异在我国尤其明显，当劳动力逐渐转移到城镇以后，伴随着城镇高生产率将带来居民的高收入，从而提升居民消费意愿和消费能力。此外，根据杜森贝利的消费理论，城镇居民的消费会产生"示范性"作用，城镇居民不但会对农村居民消费产生示范，也会对城镇新市民产生示范，从而改变居民消费习惯，增加整个社会的消费需求。

（3）新型城镇化将"以人为核心，公平共享"作为基本原则，会更加关注民生。新型城镇化"以人为核心，公平共享"原则的贯彻必然要求促进公共服务水平提升及效率提高，这有助于推动社会保障制度完善，而社会保障制度完善有利于稳定居民消费预期，从而提升居民消费水平。我国提出的新型城镇化是"以人为本"发展理念的自然延伸，更是马克思主义者"人本思想"观念的重要体现。其提出的背景是我国城镇化发展过程中出现的新问题，包括城市公共服务无法满足城镇规模扩大和人口增加的现实。政府通过扩大公共支出提供更多公共服务，为居民提供更加完善的社会保障是新型城镇化的必然要求和任务；而政府通过扩大公共支出提供更多社会保障，将会增加居民对自身的保障程度，从而改善居民消费预期。根据预防性储蓄假说，当消费者对未来存在不确定性认识时，为了规避风险，消费者往往会通过增加储蓄来应对风险，从而减少当期消费，这一理论也成为学者们解释我国居民高储蓄的重要理论依据。的确，我国经济发展阶段和模式决定了我国社会保障方面确实存在很大短板，这影响了我国消费社会的建立。在新型城镇化阶段，对这一问题的重视和投入增加，有利于降低居民对未来所存在的不确定性的预期，从而有利于居民消费提升。

结合以上理论分析，发现新型城镇化与居民消费的耦合主要通过城镇化产生的结果对居民消费影响因素施加影响，从而促进居民消费，这一机制可用图 3 - 1 清晰地表示出来。

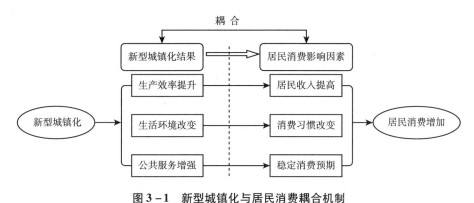

图 3 - 1　新型城镇化与居民消费耦合机制

3.1.2　新型城镇化通过改变消费的影响因素而作用于消费

前述消费理论的理论实质告诉我们，居民消费是否提升是果，而影响消费之因素改变是因，是驱动居民消费提升这一结果产生的动力所在。新型城镇化是否与居民消费产生联系，关键在于新型城镇化能否对影响居民消费的因素产生作用。根据新型城镇化的内涵、政策指向及理论实质，结合消费理论、居民消费影响因素，可以发现新型城镇化虽然不能直接作用于居民消费，但新型城镇化可以改变居民消费影响因素，特别是对居民收入和财富及其分配、消费习惯、公共支出等主要因素会产生深刻影响。

（1）新型城镇化对居民收入与财富的影响。城镇化是工业化的必然结果，而工业的发展又必然会带动服务业发展。新型城镇化对提高居民收入产生的影响主要表现在两个方面。一是现代部门收入普遍高于传统部门。根据二元结构理论和劳动力迁移理论，工资收入差异是促进劳动力转移的主要动力。在我国传统农业部门劳动力过剩（如黄宗智等（2007）认为，虽然在农村产权问题上有针锋相对的不同观点，但"中国农业的低收入和劳动力过剩问题是各方的基本共识，而且需要靠高度城镇化和规模农业去解决"[159]）的情况下，由于城镇高工资会吸引劳动力由农村迁往城镇，在城镇从事第二和第三产业，劳动者会得到更多的劳动报酬，从而提高工资性收入。二是根据我国新型城镇化的宗旨和目标，提高居民收入、增强其消费能力既是促进我国经济转型的内生动力，也是提高居民生活水平、提升其幸福感的必然要求。随着新型城镇化的建设，让更多居民拥有财产性收入将是提高其收入的另一途径。在财产性收入提高的背景下，居民财富拥有量会不断增加，由财富增值产生的财产性收入也会增加，从而促进居民可支配收入增加。此外，为了显示社会公平，国家会通过一系列手段调整收入分配，包括要素分配，这一方面可能会增加劳动分配比重，另一方面也有利于全社会收入差距缩小，这些因素均会影响居民消费。

（2）新型城镇化对消费习惯的影响。新型城镇化对消费习惯的影响体现在以下三个方面。一是老市民对新市民、城镇居民对农村居民的消费产生示范作用而改变其消费习惯。杜森贝利认为消费具有"示范效应"，在农民受收入预期差距驱动而进入城市后，原城市老市民的消费对新市民会产生示范作用，从而改变新市民的消费习惯。随着通信和信息技术的发展，城镇居民对农村居民的消费示范效应也会越来越明显，新市民消费习惯逐渐向老市民靠拢、农村居民消费习惯逐渐向城镇居民靠拢，这往往会增加整个社会的消费需求。二是城市生活环境对消费习惯的改变。进入城市后，城市的生活和消费环境与农村存在很大差异，原来在农村靠自给自足获得的消费品在城市需要从市场购买获得；原来在农村不需要的消费品，在城市会变成生活必需品，这会导致居民总消费需求增加。三是新型城镇化过程对居民消费文化、消费观念的影响。在我国传统文化中，"节俭"被视为一种美德，而这种传统文化在农村更加根深蒂固。在现代消费社会中，仍然要倡导"节俭"，但节俭本身的内涵已经发生了改变，它不是节制消费，而往往指的是减少对一些不可再生资源的浪费。对人们正常的消费欲望的节制不应该鼓励，这是提升居民生活质量的需要，也是拉动经济及建立消费社会的需要。所以，在消费方面，"节欲论"已经不是主流消费理论观点了，这种消费理念的改变将改变居民传统消费文化，从而有利于消费水平的提升。

（3）新型城镇化对公共支出的影响。一是城镇相对于农村需要更多、更完善的基础设施，且由于城镇人口集聚较多，公共投资效率较高，政府往往愿意将更多的公共资源投入城镇。随着城镇化推进，城市集聚的人口和产业不断增加，这就需要更多城市基础设施承载，迫使政府进行更多的城市基础设施建设。由于人口和产业聚集，城市公共设施利用率提高会产生更大的社会效应，推升了基础设施投资动力。二是新型城镇化中为了实现社会公平，社会保障方面的公共支出会增加。我国社会保障制度存在着严重的"二元结构",很多福利性政策往往跟户口挂钩,随着新型城镇化推进,国家会不断提高保障水平,尤其是均衡新市民与老市民的保障差距、均衡城镇与农村差距。对于城镇化后的新市民而言,其享有的社会保障比农村要更加完善,保障水平会更高,从而有利于稳定居民消费预期。对于农村居民,社会保障水平提升具有同样的效果。此外,增大对弱势群体转移支付是促进社会公平的另一种保障手段,这同样会增加政府公共支出中的转移性支出。

3.2　新型城镇化通过增加收入驱动居民消费的效应机理

收入是影响居民消费的核心要素,工资收入和财产收入是居民收入的主要来源。新型城镇化过程往往是对居民工资性收入和财产性收入增加的过程,工资增加往往会而驱动消费的增加。另外,新型城镇化"以人为核心"的理念必然要求缩小收入差距、追求社会公平。缩小收入差距,有利于增大居民平均消费倾向。为了便于进行细致深入的研究,我们把新型城镇化通过增加收入驱动居民消费的效应分为三部分:收入效应、财富效应和分配效应。

3.2.1　收入效应

这里的收入效应指的是由于居民工资性收入增加而对消费产生的驱动作用。二元结构理论和劳动力迁移理论均表明,城镇现代产业(工业和服务业)由于具有较高的劳动生产率,其从业者的收入往往要高于农村传统产业(农业)的从业者。再加上我国在新型城镇化中要千方百计增加居民收入的理念,新型城镇化过程一定是居民工资收入不断增加的过程。按照消费理论,工资性收入增加必然带来居民消费增加。为了进一步分析工资收入对居民消费的影响,在此,我们假设居民消费函数为:

$$C = \alpha + \beta Y_d \tag{3-1}$$

其中,C 为居民消费需求,α 为居民最低的自发性消费,β 为边际消费倾向,Y_d 表示居民可支配收入。

一般情况下,当工资性收入(用 Y_w 表示)增加时,居民可支配收入 Y_d 就会增大,在 α 和 β 不变的情况下,居民消费会增加。即:$Y_w \nearrow \dashrightarrow Y_d \nearrow \dashrightarrow C \nearrow$,完整的理论、逻辑机理可用图 3-2 表示。

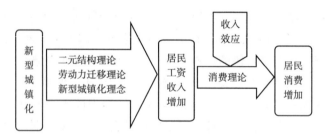

图 3－2　收入效应驱动居民消费的机理

3.2.2　财富效应

这里的财富效应是指由于居民财富增加而对消费产生的驱动作用。一般而言，城镇化过程中居民的财富会增加。刘国风（2011）对 2001～2009 年中国居民财富增长（实物资产和金融资产）进行了测算，发现居民财富由 341363 亿元增长到了 1436000 亿元，年均增长 19.7%，高于同期 GDP 的年均 15% 的增速。[160] 居民财富增加一方面源于城市居民拥有的资产往往要多于农村居民，另一方面源于城市居民较农村居民有更浓厚的理财观念、更加注重投资，从而带来财富增值。在我国，城镇居民财富主要体现为房产和证券，而证券的主要形式为权益类的股票及债权类债券等，房地产和证券是衡量我国居民财富多寡的主要形式。财富增加对居民消费的驱动，在于财富可能会带来持续的收入及财富为居民带来较高的收入预期。例如，居民将房产等出租可获得持续的租金收入、转让可获得资本利得收益，投资于证券可获得股息、红利或差价收益。对于财富效应驱动消费增加，本书参照胡永刚等（2012）[161] 的研究，运用消费理论推导如下。

假设一个代表性居民的寿命周期为 t 期，其期初的财富记为 A_0，在其寿命周期内假设每期均可获得一笔劳动报酬收入，第 t 期的记为 L_t，居民每一期的资产存量为 A_t，设资产每期投资获得的收益为 R_t，为一随机变量。居民在每一期均要消费，设第 t 期的消费为 C_t。根据生命周期假说，代表性的居民在期初面临的消费决策问题为：给定初始的资产存量和每期的劳动收入，决定每期的消费 C_t 和资产组合，使其一生效用达到最大化。该决策问题可用形式化的语言表示为：

$$MaxE_0 \sum_{t=0}^{\infty} \left(\frac{1}{1+\rho} \right)^t u(C_t) \qquad (3-2)$$

实现该效用最大化的约束条件为：

$$A_{t+1} = (A_t + L_t - C_t)(1 + R_t) \qquad (3-3)$$

$$C_t \geqslant 0 \qquad (3-4)$$

式（3-2）中，ρ 为居民心理贴现因子，$u(\cdot)$ 为即期效用函数，设该函数满足 $u' > 0$，$u'' < 0$；式（3-3），式（3-4）表明，居民每期获得劳动收入后消费一部分（C_t），并将剩余部分购置资产以获得投资收益，求解并推导该优化问题可得：

$$C_t = \frac{R}{1+R}A_t + \frac{R}{1+R}\sum_{i=0}^{\infty}\left(\frac{1}{1+R}\right)^i E_t L_{t+i} \qquad (3-5)$$

由式（3-5）可知，居民当期的消费由两部分决定，第一部分为 $\frac{R}{1+R}A_t$，表明财富所带来的收益，第二部分为 $\frac{R}{1+R}\sum_{i=0}^{\infty}\left(\frac{1}{1+R}\right)^i E_t L_{t+i}$，表明居民根据第 t 期的信息，对未来产生收入的预期。整体来看，该式表明居民当期消费是由当期实现的可支配收入和预期资产收益的年金共同决定的。显然，第一部分刻画了居民资产的财富效应，财富效应大小跟资产收益率和资产存量大小有关，在假定收益率不变的情况下，居民资产存量大小决定了财富效应大小，其基本的逻辑可用图 3-3 表示。

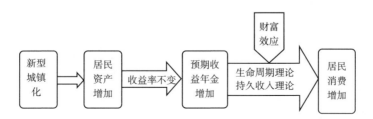

图 3-3　财富效应驱动居民消费的机理

3.2.3　分配效应

这里的分配效应指的是新型城镇化过程中由于收入分配改善、收入差距缩小而使全社会平均消费倾向增大所带来的消费水平提高。新型城镇化的本质是追求人的"全面自由发展"，也是对我国城镇化过程中出现问题的"一揽子"解决。贫富差距扩大、收入分配不合理等现实问题是新型城镇化面临的重要课题，这一工作的推进对缩小收入差距、改善分配是有益的。收入差距的改善促进居民消费主要通过提高全社会平均消费倾向实现，一般来讲，低收入者的边际消费倾向要高于高收入者，当收入差距缩小后，低收入者由于收入增加而增加的消费要高于高收入者由于收入减少而减少的消费，从而有利于整个社会消费水平的提高。具体来看，新型城镇化促进收入差距缩小在初次分配和再分配两个阶段均有体现，下面对此进行简单的推理。

首先，看初次分配阶段。初次分配主要是按要素贡献来分配，假设主要的要素包括劳动力和资本，则收入为工资收入（Y_L）和利息收入（Y_p）[162]两部分。若消费函数 $C = \alpha + \beta Y_d$，其中 C 为居民消费需求，α 为居民最低的自发性消费，β 为边际消费倾向，Y_d 表示居民可支配收入。则可进一步将消费函数扩展为：

$$C = \alpha + \beta_L Y_L + \beta_P Y_P \qquad (3-6)$$

其中，β_L、β_P 分别表示工资收入的边际消费倾向和利息收入的边际消费倾向。一般情况下，工资性收入的边际消费倾向大于资本利息性收入的边际消费倾向，即存在 $\beta_w > \beta_P$。按照我国目前的实际，存在劳动者劳动要素在初次分配中比例过低的问题，在新型城镇化过程中为了调整收入分配，将不断扩大劳动收入 Y_w 的比重、缩小资本收入 Y_P 的比重。假设将数量为 A（$A>0$）的收入从利息收入调整转为劳动收入，则式（3-6）可变换为：

$$C' = \alpha + \beta_w(Y_w + A) + \beta_P(Y_P - A) \qquad (3-7)$$

显然，由于 $\beta_w > \beta_P$，假定利息收入用于消费和扩大再生产的比例不变，则 $C' > C$，即初次分配中存在消费扩大的分配效应。

其次，看再分配阶段。在再分配阶段，主要是通过税收等宏观经济手段调整不同群体之间的收入水平。在新型城镇化阶段，必将实施全体社会成员共享经济成果的理念，有助于收入在高低收入者之间进行调整。对于不同群体的收入，其边际消费倾向 β 是存在差异的。我们假设整个社会的消费群体分为两部分：高收入者和低收入者，其收入分别用 Y_H 和 Y_L 表示，则消费函数可分解为：

$$C = \alpha + \beta_H Y_H + \beta_L Y_L \qquad (3-8)$$

同理得：
$$C' = \alpha + \beta_H(Y_H + A) + \beta_L(Y_L - A) \qquad (3-9)$$

一般而言，$\beta_H < \beta_L$[①]，当 $A>0$ 时，$C' > C$，即在再分配中同样存在消费扩

① 根据边际消费倾向递减规律，随着收入差距的缩小，低收入者收入增加导致消费增加的过程会不断降低其边际消费倾向，使得 β_L 逐渐减小。而高收入者随着收入的降低导致消费不断减少的过程会使其边际消费倾向不断提高，从而使 β_H 逐渐增大。最终的居民总消费是增加还是减少取决于二者相对变化大小。但是，由于是调整收入差距过程，我们认为两者的变化幅度是在一定范围之内的，所以，这个假定在一定范围内是存在且合理的。

大的分配效应。对于以上分析过程，我们可以用图 3 - 4 直观地表示出来。

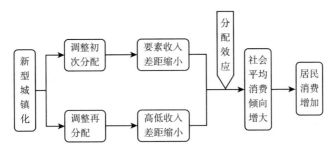

图 3 - 4　分配效应驱动居民消费的机理

3.3　新型城镇化通过改变消费习惯驱动居民消费的效应机理

　　新型城镇化过程是社会结构的转变过程，在此过程中，农村居民逐渐转变为城市市民，农村生活环境逐渐转变为城市生活环境。在这"两个转变"中，将迫使被转变的居民（下称新市民）在消费习惯方面逐步转换并不断适应新环境，一方面原城镇居民对新市民的消费行为会有影响从而产生示范效应；另一方面，居民消费环境的改变将迫使新市民适应新环境下的消费方式、消费结构和生活方式，从而产生环境效应。而这两方面，都会对消费者原消费习惯产生影响。习惯形成（habit formation）理论与杜森贝利提出的"棘轮效应"和"示范效应"相对应，将习惯形成分为内部习惯和外部习惯，内部习惯形成强调消费者自身过去的消费对现期行为的影响，而外部习惯形成关注具有示范作用群体的消费行为对消费者本人消费决策的影响。[163] 显然，本书关注的是新型城镇化下外部消费习惯对消费者产生的影响，即新型城镇化过程中，老市民对新市民及城市市民对农村居民的示范性作用。

3.3.1　示范效应

　　这里讲的示范效应指的是新型城镇化过程中，城镇居民消费习惯对新市民和农村居民消费所产生的示范作用。这种示范效应类似于攀比消费效应和炫耀性消费，都是由于消费心理改变造成的。卡罗尔（Carroll，2000）等指出，"示范性"改变习惯形成是一种特殊的效用理论，"示范性"会影响到预防性动机和攀比性消费等行为。[164] 通常情况下，城镇居民消费水平要高于农村居民，在这种示范作用的影响下，社会整体消费水平会提高，从而促进全社会消费水平提升。相对收入理论认为，消费者的消费决策会受到以往消费行为的影响，存在着"由俭入奢易，由奢入俭难"的刚性和惯性，但是大量的经验观察和心理学试验表明，消费者的偏好改变是经常出现的。[165]这意味着，消费习惯既可以形成，也可以因受到内外部影响而改变。不仅如此，学者们针对我国居民消费的实证研究结果表明：进城时间越长、家庭消费结构层级越高。[166]

周建等（2009）纳入城镇"示范性"影响效应，构建了示范效应下的农民消费行为模型，并对我国城乡联动的机制下示范性影响进行了实证研究。[95]我们参照该研究的理论分析，对示范效应进一步做形式化的说明。

首先构建效用函数：

$$u = u(c_r, y_r, \Gamma) \tag{3-10}$$

该函数反映被示范者（农民、新市民）的效用水平，c_r表示被示范者（农民、新市民）的人均消费水平，y_r表示被示范者的各种收入之和。$\Gamma = \dfrac{c_u \times y_r}{y_u}$（$c_u$和$y_u$分别表示原市民的消费和收入）表示农民和新市民在城镇居民示范性影响下达到的消费水平。

$$\Delta\Gamma = \frac{c_u \times y_r}{y_u} - c_r \tag{3-11}$$

这样，$\Delta\Gamma$表示农民和新市民在原市民"示范效应"影响下的消费差额，差额大小反映了示范效应大小。若$\Delta\Gamma = 0$，表示没有示范效应；若$\Delta\Gamma > 0$，表示存在示范效应；若$\Delta\Gamma < 0$表示存在负向的示范效应。其中：c_u/y_u表示原市民消费占收入的份额，反映了示范者的平均消费倾向。令$\beta_u = c_u/y_u$，则：

$$\frac{c_u \times y_r}{y_u} = y_r \times \beta_u \tag{3-12}$$

式（3-12）反映了被示范者按照示范者的平均消费倾向消费时应当达到的消费额。

设被示范者的消费倾向为β_r，则：

$$c_r = y_r \times \beta_r \tag{3-13}$$

一般情况下，$\beta_u > \beta_r$，则$y_r \times \beta_u > y_r \times \beta_r = c_r$，从而，$\Delta\Gamma = \dfrac{c_u \times y_r}{y_u} - c_r > 0$，表示存在示范效应。其理论含义为：只要示范者的消费倾向大于被示范者，被

示范者就会追随和模仿示范者提升其效用水平，从而产生示范效应。这一基本逻辑机理可用图 3 - 5 表示。

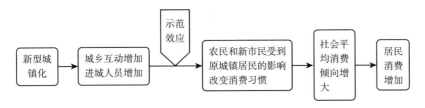

图 3 - 5   示范效应驱动居民消费的机理

3.3.2   环境效应

消费环境是影响消费的因素之一，而消费环境本身是一个范畴非常宽泛的词，从广义上来讲，消费环境包括经济、社会和法律环境[167]。但如果从广义上界定消费环境，则所有的影响消费的因素均可归入环境因素，这不利于对消费问题的深入研究。我们这里讲的环境效应，不是通常层面的自然环境或生态环境，更不是经济层面的所有因素，而是新型城镇化过程中产生的、跟消费紧密相连的由农村生活向城镇生活转变而引起的生活环境改变对消费产生的影响作用。具体来讲，就是随着新型城镇化推进，生存及消费环境由农村转向城市，进城后许多农村不需要的产品变成了生活必需品等使得消费需求扩大，产品丰裕度增加产生的引致需求及选择多样对消费者消费意愿产生均使消费需求在新环境下增加等。新型城镇化是工业化的必然结果，而工业化必然带来产品的丰富多样，同时工业化带来的人口聚集又促进了服务的多样化。丰富多元的商品和服务为消费者带来了多样的产品体验和服务享受，"对农村居民而言，原本在农村看不到的商品和服务不断进入他们的视野，将会刺激他们产生消费欲望、拓展消费领域、升级消费结构"[168]。下面，我们运用数学模型对这一机理进行更进一步的说明。

设消费者的效用函数为：

$$U = U(X_1, X_2, \cdots X_t, X_{t+1}, X_{t+2}, \cdots, X_{t+n}) \qquad (3-14)$$

其中，$(X_1, X_2, \cdots X_t, X_{t+1}, X_{t+2}, \cdots, X_{t+n})$ 表示可供消费者选择的商品组合，我们假设在没有城镇化之前（即在农村）可供选择的商品是 $(X_1, X_2, \cdots, X_t)$，城镇化之后可供选择的商品是 $(X_1, X_2, \cdots X_t, X_{t+1}, X_{t+2}, \cdots, X_{t+n})$，则可供城镇多选择的商品为 $(X_{t+1}, X_{t+2}, \cdots, X_{t+n})$。为了方便分析，

设集合 $(X_1, X_2, \cdots, X_t) = X_r$, $(X_{t+1}, X_{t+2}, \cdots, X_{t+n}) = X_u$, 则式 (3 – 14) 可以表示为:

$$U = U(X_r, X_u) \qquad\qquad (3 - 15)$$

在这里我们把城镇化后消费者可选择的商品和服务抽象成了两类: 一类是在城镇和农村都可以购买到的 X_r, 一类是仅仅在城镇可以购买的 X_u。设 U 表示消费者的基数效用, 则式 (3 – 15) 可进一步表示为:

$$U = U(X_r) + U(X_u) \qquad\qquad (3 - 16)$$

根据边际效用递减规律, 我们总可以找到一点, 在这一点之前 $U(X_u) > U(X_r)$, 在这一点之后存在 $U(X_u) < U(X_r)$。在同样的预算约束下, 存在 $U(X_r) + U(X_u) > U(X_r)$ 的情况, 意味着在同样的预算约束下, 商品 (或服务) 越是多样化, 消费者越会得到更大的效用。为了得到更大效用, 多样化的商品选择会进一步刺激消费者的消费欲望从而扩大其消费预算, 产生环境效应。该逻辑机理可用图 3 – 6 表示。

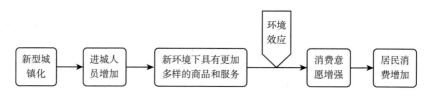

图 3 – 6　环境效应驱动居民消费的机理

3.4　新型城镇化通过增加公共支出驱动居民消费的效应机理

近年来, 随着我国快速城镇化造成的城镇规模急剧扩大, 城镇公共物品短缺已成为城镇化发展中面临的一个重要阻滞因素, 这严重影响了城镇化质量。而新型城镇化是以人为核心的提升城市质量的城镇化, 必然要求政府为提升城市公共服务水平而增加公共支出, 而对于城镇公共支出的增加会对居民消费产生什么样的影响, 存在着一定争议。一些研究者 (Ahmed, 1986[169]; Ho, 2001[170]; Kwan, 2006[171]等) 认为, 公共支出对居民消费具有挤入效应, 而另一些研究者 (Campbell, 1990[172]; Neih, 2006[173]; Mountford & Uhlig, 2009[174]) 认为, 公共支出对居民消费具有挤出效应。我国学者对此也进行了实证研究, 得到了类似的结果。学者们的实证研究结果表明: 部分公共支出可能对居民消费存在挤出效应, 部分公共支出对居民消费存在挤入效应, 最终是促进了居民消费还是抑制了居民消费取决于挤入与挤出效应相对比的结果，是一个需要根据具体时间段或分区域去实证的问题。本书主要研究公共支出驱动居民消费的积极效应，即挤入效应，但为了减小挤出效应对消费的影响，同时也对挤出效应进行探讨，从不同角度提出促进居民消费的建议。

公共支出按照资金去向与用途可以分为三大类：投资性支出、转移性支出和消费性支出。投资性支出是政府投资于基础设施等公共产品的支出，转移性支出指政府为了社会公平、正义而给予的社会保障、财政补贴支出，消费性支出指的是政府部门公共或个人因公务而产生的支出。

公共支出对居民消费的挤入效应，主要是通过投资性支出拉动居民收入提高以及转移性支出稳定居民消费预期。从居民直接收入来看，根据凯恩斯的基本理论，公共投资具有乘数效应，其乘数为：$k = \dfrac{1}{1-\beta}$，其中，β 为居民边际消费倾向。从消费层面看，投资性支出促进居民消费的基本逻辑为：公共支出 ↗→ 社会总需求 ↗→ 总供给 ↗→ 居民可支配收入 ↗→ 居民消费增加。从居民间接收入来看，政府的转移性支付增加了居民的可支配收入，可支配收入增加促进居民消费增加；从心理预期来看，由于政府用于民生的公共支出增加，增强了居民对未来消费的信心，从而增加其边际消费倾向，促进了消费。此外，由于公共投资增加，使更多产品具备了使用条件，扩大了居民消费的可选择性，增强了居民的消费意愿。总体来说，挤入效应主要通过增加收入和增大边际消费倾向实现。

由于收入增加已经在收入效应中进行了反映，结合以上理论分析，这里的挤入效应可以归纳为保障效应和引致效应两个途径。

3.4.1　保障效应

保障效应指的是由于政府对社会保障方面转移支付增加，一方面增加了居民可支配收入，另一方面增加了居民未来保障水平而降低了居民消费的不确定性，从而对居民消费产生的促进作用。根据绝对收入假说，政府转移支付提高了居民的绝对收入水平，从而促进了消费；而根据预防性储蓄理论，社会保障支出扩大又降低了居民未来的不确定性，促进了现期消费；政府投资性支出带来的居民工资性收入的增加已经在收入效应中做了分析，故不包含在本部分之中。保障效应通过提升可支配收入促进消费很好理解，根据绝对收入假说，若用 C 表示居民消费，则：

$$C = \alpha + \beta Y_d = \alpha + \beta(Y + Y_i - T_a) \tag{3-17}$$

其中，Y 表示工资性收入，Y_d 表示可支配收入，Y_i 表示转移支付收入，T_a 表示税收支出。当政府的转移支付增加时，居民的转移支付收入 Y_i 会增加，从而增大了 Y_d，使得居民消费增加；此外，由于政府社会保障支出增加，居民未来的不确定性会降低，从而提高其边际消费倾向 β，也会增加其消费。当然，政府的转移支付支出来源于税收 T_a，税收增加同时也会对消费产生挤出效应，总体效应是挤入还是挤出是一个实证性问题。

我们再来看保障效应通过减小不确定性对居民消费的影响。这里，我们运用戴南（1993）[26] 的预防性储蓄模型进行分析，假设消费者效用函数可加，且 $U' > 0$，$U'' < 0$，$U''' > 0$，典型消费者追求一生效用最大化的行为可用数学模型（3-18）表示：

$$\text{Max} \sum_{t=1}^{T} E_t \left[(1 + \delta)^{-t} U(C_t) \right] \qquad (3-18)$$

$$\text{s. t. } W_{t+1} = (1 + r_t) W_t + Y_t - C_t \qquad (3-19)$$

在式（3-18）和式（3-19）中，E_t 表示 $t(t = 1, 2 \cdots T)$ 期预期效用，W_t 表示 t 的财富，Y_t 表示 t 期的劳动收入，C_t 表示 t 期的消费，δ 表示时间偏好系数，r 为无风险利率，求解方程最优解的欧拉方程并整理可得到：

$$U''(C_t) = \frac{1 + r}{1 + \delta} E(U'(C_{t+1})) \qquad (3-20)$$

对式（3-20）中的 $U'(C_{t+1})$ 进行泰勒二级展开并忽略高阶项后得 Dynan 谨慎强度公式：

$$E_t \left[\frac{C_{t+1} - C_t}{C_t} \right] = \frac{1}{\zeta} \left[\frac{r_t - \delta}{1 + r_t} \right] + \frac{\rho}{2} E_t \left[\left(\frac{C_{t+1} - C_t}{C_t} \right) \right]^2 \qquad (3-21)$$

其中，$\zeta = -C_t (U''/U')$ 用以衡量消费者规避不确定性风险倾向之程度大小，被称为相对风险厌恶系数；$\rho = -C_t (U'''/U')$ 用来反映消费者对不确定性反应灵敏程度，被称为相对谨慎性系数；$\frac{C_{t+1} - C_t}{C_t}$ 表示消费增长率。

显然，根据上述 $U' > 0$，$U'' < 0$，$U''' > 0$ 的假定，容易得到 $\rho > 0$，于是式（3-21）表明：预期未来消费增长率受到未来消费增长率平方（不确定性）的正向影响，即预期未来（t+1 期）不确定性越大，未来（t+1 期）预期消费越多，为了满足未来消费需要增加的储蓄越多，储蓄增加将减少本期消费。可见，预期的未来不确定性越大、本期消费越少。所以，公共支出中用于社会保障的支出越大，越有利于降低未来不确定性，从而增加本期消费。保障效应驱动居民消费机理可以用图 3-7 表示。

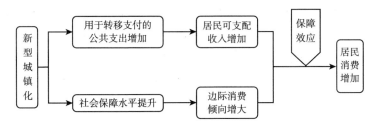

图 3 - 7　保障效应驱动居民消费的机理

3.4.2　引致效应

提升公共服务水平是新型城镇化的主要任务，新型城镇化推进过程是对传统城镇公共服务短缺、基础设施不足的弥补过程。这一方面会增加基础设施，尤其是交通、通信、医疗、教育等设施的投资；另一方面，会加强和改进政府在城镇中的服务职能。新型城镇化过程中对基础设施建设投资的增大，会创造更多、更完备的产品使用条件，增大居民消费产品的可选择性，从而引致居民为提高自身效用而进行更多消费选择。例如，由于道路基础设施的建设和改进，汽车等交通工具的使用会更加便捷、安全，从而引致汽车的消费；通信设施的建设会引致电脑、互联网、手机等通信工具的使用；医疗健康设施的建设会引致居民保健消费的需求，等等。

我们可以用式（3 - 14）做进一步分析，这里，X_r 表示公共设施投资之前的现有基础上消费者可选择消费的产品，X_u 表示基础设施改善后新增加的消费者可选择的消费品，显然，在边际效用递减规律的作用下，$U(X_r) + U(X_u) > U(X_r)$，意味着公共投资性支出增加会引致消费者增加消费。引致效应和环境效应的区别在于：引致效应更强调公共投资带来的引致效果，而环境效应更强调环境自身对消费者消费习惯的影响。引致效应驱动居民消费的效应机理可以用图 3 - 8 表示。

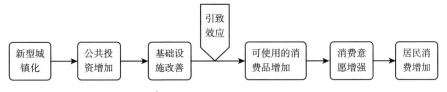

图 3 - 8　引致效应驱动居民消费的效应机理

3.4.3　挤出效应及其抑制

在公共支出效应中保障效应和引致效应可能具有挤入效应。但是，根据已有研究成果，公共支出对居民消费的影响具有两面性，既可能产生挤入效应，又可能产生挤出效应。本书研究目的是挖掘新型城镇化驱动居民消费的积极效应，但同时，由于挤出效应会对居民消费增加产生负面影响，是消费效应不可分割的一部分，因此，在这里也做出简单说明。当然，在实证研究阶段，如果挤入效应为负值，则本身就表明是挤出效应，二者并不矛盾。

公共支出对居民消费的挤出主要在于，公共支出的资金主要来源于税收，政府提供公共支出必然通过增加税收来获取资金。对于税收与居民消费的关系，凯恩斯（1936）认为，税收作为刺激需求的手段，运用国家权力通过累进税制的设计将富人收入转移支付到穷人手里或者投资于公共物品，这可以提高边际消费倾向从而促进消费，同时，政府也可以通过减税措施来刺激消费。[19]总的来看，税收对居民消费的影响是通过影响收入或边际消费倾向而进行的。正因为税收对居民消费既存在挤入效应又存在挤出效应，所以我们要努力扩大挤入效应而抑制挤出效应。抑制挤出效应主要有以下方式。一是确定合理的税制结构。通过税制结构的调整和差别化的税收政策扩大整个社会平均消费倾向。二是确定合理的税率。合理的税率既能保证税源的稳定，也不至于导致竭泽而渔的税收政策出现。三是提升公共支出的效率。公共支出越高效，就越能花最少的钱办最大的事，越能节约财政支出，降低税收负担。同时，特别要降低公共支出中的消费性支出，以减少公共消费对私人消费的挤出。

综合以上机理分析的结果，可绘制新型城镇化驱动居民消费的机理总图如图3-9所示。图3-9中所示的新型城镇化驱动居民消费效应是本章理论分析推导的结果，在后面章节的实证分析中，将结合我国实际对以上效应分章进行实证检验，以验证理论分析结果在现实中的实际情况。

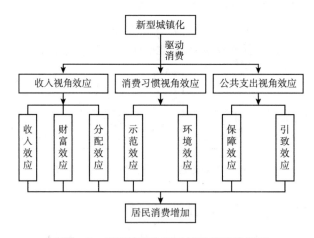

图3-9　新型城镇化驱动居民消费的机理

第 4 章

新型城镇化与居民消费关系的实证分析

新型城镇化是本书的一个核心概念，本章通过构建指标体系对我国省域新型城镇化水平评价，并在此基础上，实证分析新型城镇化是否驱动了我国居民消费数量增加、消费结构改变，并检验新型城镇化是否与居民消费之间存在因果关系、孰因孰果？为后面章节从不同视角实证分析新型城镇化促进居民消费的效应路径打下基础。

4.1 新型城镇化水平评价

4.1.1 评价的基本原则

新型城镇化范畴非常宽泛，迄今为止尚没有一个统一的概念。但根据新型城镇化提出的背景、目的及本书在第 2 章对新型城镇化的解读，我们形成了对新型城镇化的基本认识，即新型城镇化是对我国城镇化过程中出现问题的矫正和纠错，其宗旨是"以人为核心"，最终实现"人的全面发展"。基于这些认识，本章提出新型城镇化评价遵循的基本原则。

（1）全面性原则。新型城镇化既是与"城镇化"紧密相连的一个词，也是被赋予新内涵后为了与传统城镇化相区别而提出的一个新概念，所以其范畴既涵盖传统城镇化又体现与传统城镇化之间的差异。为了全面评价新型城镇化水平，在评价过程中，要从多角度去衡量新型城镇化中"城镇化"的成分和"新"的成分，用尽可能多的指标去涵盖新型城镇化，这些指标应当涉及经济、社会、环境等多个方面。这就是评价新型城镇化过程中要遵循的全面性原则。

（2）客观性原则。客观性原则指的是在评价过程中尽量用事实说话、用数据说话，并忠于对新型城镇化概念的基本认识，不会因为个人对新型城镇化某个方面的偏好而增加其指标权重，也不会为了降低某些指标影响而减小其权重，并尽量选择客观而非主观的指标体系及其加权方法，不破坏指标权重赋权的客观性。

（3）可操作性原则。新型城镇化范畴的不确定性决定了其评价过程的复杂性，全面性原则的确立正体现了这一过程的复杂性。但是，在实践中我们也无法做到面面俱到，更无法做到对新型城镇化水平评价达到理想化状态，会受到评价数据可得性、方法局限性等因素制约。因此，本书在评价过程中基于对新型城镇化一般认识的基础上，在尽可能全面的前提下，还将遵循可操作性原则，在现有能力、方法的基础上，选择可得的、可量化的数据和指标进行评价。

4.1.2　评价指标体系的构建

新型城镇化水平作为本书研究的一个核心指标，其计算准确与否对本书研究结果有着至关重要影响。因此，本书将新型城镇化水平评价专门作为一部分内容来研究，为后面的实证研究打下基础。为了反映各地新型城镇化发展水平，摒弃城市化率这一单一指标测算缺陷，本书构建了新型城镇化评价指标体系，用以测算我国各地新型城镇化发展水平。根据新型城镇化的评价原则、内涵、《国家新型城镇化发展规划（2014~2020)》的设想与要求，借鉴戚晓旭等（2014)[175]、赵永平等（2014)[176]、徐林（2014)[60]、王平等（2015)[2]的研究成果，构建了"四发展"指标体系（见表4-1），即经济发展、人口发展、社会发展和环境发展四大类，共27项指标的指标体系来反映新型城镇化发展水平，这些指标既包括反映发展数量的指标，又包括反映发展质量的指标，新型城镇化水平的最终结果用新型城镇化综合得分值①衡量。

4.1.3　评价方法：熵值法

计算指标体系综合结果最大的困难在于指标权重的确定。赋权方法按是否受主观因素影响可分为主观赋权法和客观赋权法。为了遵循客观性原则，鉴于主观赋权法随意性较大，本书选择客观赋权法。客观赋权法常用的方法有主成分分析法、变异系数法和熵值法等。由于我们运用马克思政治经济学理论结合

---

① 下文所称的新型城镇化率就是这一综合得分值的计算结果。

表4-1 新型城镇化综合评价指标体系

一级指标	二级指标	三级指标	四级级指标	指标性质
新型城镇化水平综合得分	经济发展	经济增长	人均GDP（元）	+
			地区财政收入（亿元）	+
			城镇居民人均可支配收入（元）	+
		结构优化	第三产业产值比重（%）	+
			专利授权量（件）	+
			高新技术产品产值比重（%）	+
	人口发展	生活质量	城镇人口比重（%）	+
			人均教育经费支出（元）	+
			每万名学生专任教师数（人/万人）	+
			每万名学生学校数（所）	+
		就业质量	城镇登记失业率（%）	-
			城镇职工平均工资（元）	+
			第二产业从业人员比重（%）	+
			第三产业从业人员比重（%）	+
	社会发展	公共服务	公共财政支出比例（%）	+
			每万人拥有公共交通工具数量（标台/万人）	+
			人均城市道路面积（平方米）	+
			人均住宅面积（平方米）	+
			城市每万人医疗机构床位数（万张）	+
		城乡统筹	城乡居民人均收入比	-
			城乡居民人均消费支出比	-
			财政支农资金（亿元）	+
	环境发展	污染减排	废水排放量（万吨）	-
			废气排放量（万吨）	-
			生活垃圾无害化处理率（%）	+
		生态宜居	建成区绿化覆盖率（%）	+
			人均公园绿地面积（平方米）	+

注："+"表示正指标，"-"表示反指标。

我国实践对新型城镇化内涵做了解读，根据全面性、可操作性和客观性原则，在设定指标过程中应尽可能涵盖新型城镇化的实质和特征要求，在计算过程中应当客观。因此，选择熵值法计算权重是较理想的方法，一方面，这是一种客观赋权方法，另一方面，这种方法避免了主成分分析等方法对预设指标的遗漏。熵值法是根据指标离散程度确定权重的一种客观赋权方法。某指标离散程度越大，则熵值越小，其得到的权重就会越大；相反，某指标离散程度越小，则熵值越大，其得到的权重就会越小。熵值法计算步骤如下。

（1）对指标进行无量纲处理。无量纲处理即对原始数据消除量纲的处理。在衡量新型城镇化过程中，由于指标体系涵盖了较多指标，而各指标的单位和量纲不尽相同，为了加权合成方便且有利于不同量纲数据比较，我们首先对原始数据进行无量纲处理，本书选择的无量纲处理方法为极值法。

设 $X_{ij}(i=1, 2, \cdots, n; j=1, 2, \cdots, m)$ 表示第 i 个评价对象在第 j 个评价指标上的观测值，则：

正向指标无量纲为：

$$x_{ij} = [x_{ij} - \min(x_{ij})]/[\max(x)_{ij} - \min(x)_{ij}] \tag{4-1}$$

反向指标无量纲为：

$$x_{ij} = [\max(x)_{ij} - x_{ij}]/[\max(x)_{ij} - \min(x)_{ij}] \tag{4-2}$$

（2）计算比重。计算第 j 项指标在 i 个评价对象中所占的比重 P_{ij}：

$$p_{ij} = x_{ij}/\sum_{i=1}^{n} x_{ij} \tag{4-3}$$

（3）计算熵值。计算第 j 项评价指标熵值大小 e_j：

$$e_j = -\frac{1}{\ln n}\sum_{i=1}^{n} p_{ij}\ln(p_{ij}) \tag{4-4}$$

其中，$0 \leqslant e_j \leqslant 1$。此外，根据极值法下标准化处理方法，$x_{ij}$ 标准化后的取值范围为 $[0, 1]$，当 P_{ij} 为 0 时，$\ln p_{ij}$ 无意义，此时，我们采用标准化平移熵值法进行平移，并使平移的单位尽可能地接近 $\min(X_{ij})$ [177]。

（4）计算差异系数。根据熵值，计算第 j 项指标的差异系数 g_j：

$$g_j = 1 - e_j \tag{4-5}$$

g_j 值越大，该指标越应被重视，越应该被赋予较大的权重。

（5）确定权重。根据差异系数计算各指标的权重 W_j：

$$W_j = g_j/\sum_{j=1}^{m} g_j \tag{4-6}$$

根据式（4-3）、式（4-4）、式（4-5）和式（4-6）可知，X_{ij} 值的差异越小，e_j 值越大，g_j 值越小，权重 W_j 越小。反之，当 X_{ij} 差异越大，则 W_j

越大。

（6）计算综合得分。根据权重和观察值无量纲化的结果，计算指标体系的综合评价值 Z_j：

$$z_i = \sum_{j=1}^{m} w_j \times x_{ij} \qquad (4-7)$$

4.1.4　中国省域新型城镇化水平评价结果

根据构建的新型城镇化评价指标体系，本书选取 2000～2015 年历年《中国统计年鉴》《中国能源统计年鉴》《中国环境统计年鉴》《中国城市统计年鉴》、省（区、市）统计年鉴以及国家统计局网站相关数据，以我国 30 个省（区、市）（不含西藏及港澳台地区）为样本进行综合评价。为消除通货膨胀因素的影响，以 2000 年为基期，分别采用各省生产总值指数（该指数在计算时按照不变价格计算）、CPI 指数对相关价值指标名义值进行了平减。在数据搜集和整理的基础上，根据式（4-1）～式（4-7）所示的熵值法综合测定，得到全国各省（区、市）2000～2015 年的新型城镇化水平综合得分（见表 4-2），并以此代表新型城镇化发展水平，作为本章及以后章节研究新型城镇化的基础。

从表 4-2 的评价结果来看，该套指标体系较好地刻画了我国新型城镇化发展状况，符合我国各省域新型城镇化发展实际。"四发展"指标体系下各指标作用得到了较好的发挥，既包含了新型城镇化发展中反映经济增长的数量因素，也反映了经济发展质量及可持续性问题，更是"人的全面发展"这一新型城镇化根本目标的体现。新型城镇化发展水平评价为后续的研究奠定了基础。

4.1.5　评价结果分析：中国省域新型城镇化水平变动特征

（1）新型城镇化水平纵向变动分析。根据表 4-2 的评价结果，从全国整体来看，在 2000～2015 年这一时间段，我国各省新型城镇化水平整体出现了比较明显的上升（如图 4-1 所示），但近年来新型城镇化发展遇到了阻力，表现为大约从 2012 年起，全国和区域新型城镇化趋势有所减缓。也许这正是我国在此阶段提出加快新型城镇化建设的战略意图所在。说明国家看到了城镇化发展遇到的阻力，提出新型城镇化战略就是为了解决阻碍中国城镇化可持续

表 4-2

中国省域新型城镇化水平综合得分表

省份	2000年	2001年	2002年	2003年	2004年	2005年	2006年	2007年	2008年	2009年	2010年	2011年	2012年	2013年	2014年	2015年
北京	0.613	0.627	0.680	0.711	0.727	0.715	0.718	0.674	0.656	0.667	0.633	0.653	0.640	0.698	0.716	0.686
天津	0.330	0.332	0.343	0.366	0.376	0.393	0.394	0.383	0.410	0.413	0.433	0.435	0.3859	0.413	0.401	0.389
河北	0.191	0.196	0.211	0.219	0.211	0.222	0.232	0.247	0.286	0.281	0.292	0.293	0.296	0.276	0.246	0.270
山西	0.134	0.142	0.149	0.173	0.175	0.190	0.203	0.219	0.251	0.249	0.252	0.268	0.269	0.254	0.229	0.249
内蒙	0.132	0.136	0.142	0.174	0.188	0.203	0.222	0.258	0.297	0.307	0.325	0.344	0.353	0.321	0.328	0.311
辽宁	0.256	0.249	0.272	0.288	0.292	0.307	0.310	0.333	0.355	0.336	0.341	0.361	0.371	0.256	0.249	0.272
吉林	0.160	0.149	0.165	0.170	0.175	0.183	0.169	0.194	0.210	0.200	0.202	0.208	0.191	0.160	0.149	0.165
黑龙江	0.165	0.163	0.170	0.177	0.174	0.174	0.169	0.169	0.189	0.181	0.189	0.194	0.204	0.165	0.163	0.170
上海	0.648	0.636	0.678	0.639	0.634	0.640	0.642	0.643	0.613	0.592	0.598	0.576	0.552	0.648	0.636	0.678
江苏	0.337	0.329	0.368	0.393	0.397	0.428	0.434	0.455	0.479	0.475	0.482	0.492	0.467	0.337	0.329	0.368
浙江	0.363	0.384	0.431	0.459	0.453	0.462	0.453	0.441	0.440	0.439	0.443	0.435	0.427	0.363	0.384	0.431
安徽	0.138	0.134	0.137	0.153	0.155	0.165	0.180	0.208	0.223	0.217	0.222	0.263	0.280	0.138	0.134	0.137
福建	0.269	0.267	0.286	0.286	0.279	0.289	0.278	0.286	0.311	0.312	0.313	0.332	0.335	0.269	0.267	0.286
江西	0.235	0.221	0.154	0.153	0.147	0.154	0.157	0.188	0.213	0.216	0.212	0.236	0.256	0.235	0.221	0.154
山东	0.288	0.286	0.306	0.326	0.332	0.341	0.374	0.403	0.433	0.414	0.428	0.444	0.456	0.288	0.286	0.306
河南	0.177	0.173	0.193	0.215	0.209	0.228	0.228	0.252	0.283	0.274	0.273	0.287	0.279	0.177	0.173	0.193
湖北	0.197	0.194	0.217	0.227	0.220	0.226	0.217	0.243	0.257	0.251	0.252	0.267	0.280	0.197	0.194	0.217
湖南	0.195	0.194	0.199	0.213	0.213	0.220	0.221	0.241	0.255	0.253	0.255	0.264	0.276	0.195	0.194	0.199
广东	0.428	0.430	0.479	0.516	0.511	0.524	0.507	0.526	0.549	0.528	0.531	0.540	0.563	0.428	0.430	0.479
广西	0.177	0.186	0.199	0.202	0.206	0.211	0.203	0.237	0.276	0.262	0.265	0.249	0.256	0.177	0.186	0.199

续表

省份	2000 年	2001 年	2002 年	2003 年	2004 年	2005 年	2006 年	2007 年	2008 年	2009 年	2010 年	2011 年	2012 年	2013 年	2014 年	2015 年
海南	0.151	0.142	0.157	0.150	0.152	0.147	0.165	0.178	0.189	0.184	0.208	0.231	0.240	0.151	0.142	0.157
重庆	0.159	0.163	0.180	0.200	0.206	0.222	0.244	0.262	0.294	0.290	0.296	0.324	0.360	0.159	0.163	0.180
四川	0.235	0.231	0.236	0.243	0.230	0.230	0.235	0.258	0.290	0.281	0.292	0.306	0.320	0.235	0.231	0.236
贵州	0.156	0.152	0.154	0.168	0.167	0.185	0.190	0.225	0.237	0.224	0.225	0.251	0.280	0.156	0.152	0.154
云南	0.215	0.210	0.220	0.217	0.228	0.225	0.199	0.229	0.244	0.250	0.247	0.267	0.282	0.215	0.210	0.220
陕西	0.162	0.162	0.179	0.190	0.188	0.198	0.218	0.248	0.294	0.296	0.295	0.319	0.322	0.162	0.162	0.179
甘肃	0.141	0.136	0.150	0.154	0.157	0.155	0.151	0.172	0.189	0.171	0.165	0.177	0.201	0.141	0.136	0.150
青海	0.205	0.215	0.218	0.212	0.207	0.220	0.252	0.258	0.238	0.231	0.250	0.250	0.204	0.205	0.215	0.218
宁夏	0.136	0.146	0.148	0.148	0.143	0.170	0.196	0.247	0.274	0.266	0.294	0.295	0.299	0.136	0.146	0.148
新疆	0.231	0.232	0.233	0.222	0.205	0.197	0.200	0.232	0.245	0.239	0.234	0.256	0.257	0.231	0.232	0.233
东部	0.338	0.339	0.367	0.379	0.381	0.390	0.392	0.400	0.416	0.409	0.414	0.420	0.416	0.338	0.339	0.367
中部	0.170	0.167	0.170	0.184	0.184	0.194	0.196	0.219	0.242	0.239	0.242	0.259	0.265	0.170	0.167	0.170
西部	0.182	0.183	0.191	0.195	0.192	0.200	0.209	0.237	0.256	0.250	0.255	0.272	0.280	0.182	0.183	0.191
全国	0.241	0.241	0.255	0.265	0.265	0.274	0.279	0.297	0.316	0.310	0.315	0.327	0.330	0.241	0.241	0.255

资料来源：根据历年全国及各省统计年鉴数据，按照熵值法确定权重后对各标准化数据进行加权计算而来。其中：东、中、西部及全国数据为计算的当年区域平均值。

发展问题而做出的必然选择。从三大区域来看，期末（2015 年）和期初（2000 年）相比，上升最快的是中部地区，其新型城镇化水平增长了 48.7%；上升最慢的是东部地区，增长了 22.5%；西部地区居于中间位置，增长了 30%。说明东部地区虽然城镇化基础好、起步早，但近年来受到了资源环境等因素的约束，增长幅度放缓；中部地区由于较快的经济增长速度和良好的资源环境承载能力，新型城镇化水平增长较快；西部地区实力较弱、基础较差，但表现出了较强的增长势头。分省来看，上升较快的省份是内蒙古、重庆、山西、宁夏等；增长较慢甚至负增长的有上海、北京等城镇人口增长快，但资源环境约束较大的老牌大型城市。

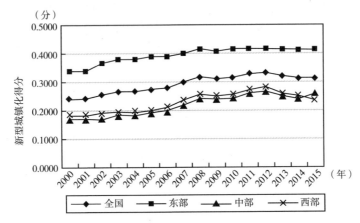

图 4-1   2000~2015 年全国新型城镇化发展水平变化趋势

资料来源：作者根据表 4-2 的数据整理而来。

（2）新型城镇化水平横向比较分析。不管从 2000~2015 年这一期间看，还是根据 2015 年的最新得分看，区域新型城镇化水平最高的是东部，其次是中部，最低的是西部，呈现由东向西递减的"阶梯式差异"。表明东部地区综合实力强，新型城镇化水平高；西部地区经济基础差，发展能力较弱；中部地区发展潜力大，近年来发展迅速。分省来看，2015 新型城镇化水平较高的省份依次为北京、上海、广东、江苏等；新型城镇化水平较低的省份依次为甘肃、青海、广西、贵州等。虽然北京、上海等老牌城市新型城镇化发展速度受限，但其长期积累的发展基础、经济增长能力、公共服务等依然有着较强的比较优势，新型城镇化水平基础好、存量大。而西部的甘肃、青海、广西、贵州等地区起点低，公共服务及经济增长能力与发达地区还有较大差距，发展新型城镇化任务非常艰巨。不过，这些地区应该以国家新型城镇化战略为契机发挥后发优势，以新型城镇化为指针加快城镇化建设步伐。

（3）新型城镇化得分贡献因子分析。通过熵值法客观测定了"四发展"指标体系各指标对新型城镇化贡献的权重，权重大小反映了各类指标对新型城镇化得分贡献比重。从大类来看，2000～2015 年经济发展对新型城镇化水平平均贡献权重为 0.31，占总贡献的 29%；人口发展对新型城镇化水平平均贡献权重为 0.28，占总贡献的 26%；社会发展对新型城镇化水平平均贡献权重为 0.24，占总贡献的 23%；环境发展对新型城镇化水平平均贡献权重为 0.23，占总贡献的 22%（如图 4 - 2 所示）。指标权重既突出了经济发展这一基础性指标，也同时兼顾到了人口发展、社会发展及环境发展等社会公平、可持续及体现"人本思想"理念的指标。2015 年与 2000 年相比，经济发展对我国新型城镇化贡献增长了 57%，表明我国经济的快速发展（经济增长和结构优化）是加快我国新型城镇化快速增长的最重要贡献因子。

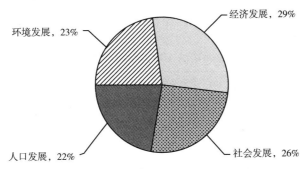

图 4 - 2　新型城镇化评分"四大类"指标贡献权重均值

资料来源：作者根据表 4 - 2 的数据整理计算而来。

4.2　新型城镇化与居民消费水平的关系

在深入研究新型城镇化驱动居民消费效应之前，先对新型城镇化是不是驱动了居民消费数量增长及消费结构改变、二者是否存在因果关系进行初步检验，为后面的机理分析奠定基础。

4.2.1　模型构建

我们通过实证检验来初步判断新型城镇化与居民消费水平之间的关系，并检验是否为因果关系。为了评价新型城镇化与居民消费之间的关系，我们参照陈昌兵（2010）[178]的研究，构建以下半对数模型。

$$LnCons_{it} = \alpha + \beta Nurb_{it} + \gamma SqNurb_{it} + \varepsilon_{it} \qquad (4-8)$$

在模型（4-8）中，Cons 表示居民消费水平，用人均消费支出表示；Nurb 为新型城镇化率，用上文测算出的新型城镇化水平得分值来表示；SqNurb 表示新型城镇化率的平方项，用来描述其可能存在的非线性关系。

4.2.2　实证分析

（1）因果关系检验。为了防止伪回归，在 Granger 因果关系检验中要求使用平稳的时间序列，否则，可能造成错误的因果关系结论。为了保证检验结果正确可靠，我们首先对模型（4-8）中所示的解释变量和被解释变量的平稳性进行单位根检验。在单位根检验中，常用的方法有 DF 检验、ADF 检验等，在此，我们选择 ADF 检验法进行单位根检验（见表4-3）。

表4-3　　　　　　　　　　变量平稳性 ADF 单位根检验结果

变量名称	ADF 值	P 值	是否平稳	变量名称	ADF 值	P 值	是否平稳
Lncons	11.774	0.899	非平稳	Δlncons	221.606	0.000	平稳
Urba	59.178	0.506	非平稳	Δurba	203.553	0.000	平稳
Squrba	51.867	0.763	非平稳	Δsqurba	220.636	0.000	平稳

注：P 值设定为5%的显著性水平，Δ 表示一阶差分。

根据表4-3的单位根检验结果，初始变量均为非平稳变量，但经过一阶差分后变量均变得平稳，满足 I（1）过程，说明可以通过协整检验考察变量间长期均衡关系。下面进一步运用 Johansen 检验法进行协整检验。

根据 SC 准则确定的 Lncons、Urba、Squrba 最优滞后期为2，根据 Lncons、Urba、Squrba 的序列特征和经济含义，协整检验时包含常数项和趋势项，协整检验结果表明，我国居民消费、城镇化率及其二次项之间存在长期稳定的均衡关系（见表4-4）。

表4-4　　　　　　　　　　Johansen 协整检验结果

原假设	迹统计量	迹统计量 P 值	最大特征值统计量	最大特征值 P 值
0 个协整向量	329.1	0.000	263.6	0.000
至多1个协整向量	129.1	0.000	107.4	0.000
至多2个协整向量	106.7	0.000	106.7	0.000

注：P 为5%的显著性水平上的值。

单位根检验表明了变量序列的平稳性，Johansen 协整检验表明了变量间长期均衡关系的存在性，以此为基础可以进一步进行因果检验，在滞后期数为 3 时，得到因果检验结果见表 4 - 5。

表 4 - 5　　　　　　　　　　　Granger 因果关系检验结果

原假设	滞后期数	F 值	P 值	检验结论
Urba 不是 Cons 的格兰杰原因	3	4.905	0.047	拒绝原假设
Cons 不是 Urba 的格兰杰原因	3	1.844	0.239	接受原假设
Squrba 不是 Cons 的格兰杰原因	3	1.215	0.382	接受原假设
Cons 不是 Squrba 的格兰杰原因	3	1.859	0.237	接受原假设

表 4 - 5 的检验结果表明，从统计学意义上来看，在 5% 的显著性水平上，新型城镇化（Urba）是我国居民消费（Cons）水平的格兰杰原因，而居民消费水平不是新型城镇化的格兰杰原因，新型城镇化的二次项（Squrab）与居民消费的因果关系不显著。整体来看，该结果表明新型城镇化和居民消费间是一种单项的因果关系，即新型城镇化是促进居民消费水平提升的格兰杰原因。当然，格兰杰因果关系检验，只存在统计学上的意义，在现实中还存在诸多局限和问题，如信息遗漏、变换变量影响因果关系性质（靳庭良，2015）[179] 等。杰卡德（James Jaccard）等将 X、Y 的因果关系分为六种情形，分别是直接因果、间接因果、虚假因果、互为因果、待定因果和调节因果[180]（如图 4 - 3 所示）。根据相关消费理论及以上实证结果，基本可以判断新型城镇化与居民消费呈间接因果关系，因为新型城镇化不是消费的直接影响因素，但新型城镇化可以改变消费影响因素，通过改变消费影响因素作用于消费，或者对消费影响因素进行调节；并且实证结论表明，新型城镇化与居民消费水平呈单项因果关系，新型城镇化是因，居民消费是果。当然，这一初步结论有待于后面章节

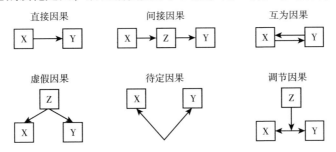

图 4 - 3　因果关系的类型

资料来源：[美] 詹姆斯·杰卡德，罗伯特·图里西. 多元回归中的交互作用 [M]. 蒋勤译. 上海：格致出版社，2016：2.

的进一步深化研究，后面章节中对新型城镇化如何驱动居民消费做出更深入的探索。不过，这一初步结论已经告诉我们深入研究新型城镇化驱动居民消费增加的必要性和实现的可能性，这也是在此进行因果关系检验的目的所在。

（2）新型城镇化对居民消费水平的贡献。根据以上检验结果，我们对模型（4-8）进行回归，霍斯曼（Huasman）检验支持固定效应，根据固定效应做回归分析，得到表4-6的回归结果。该结果表明，在2000~2015年这一时间段内，我国新型城镇化发展对居民消费起到了正向促进作用，新型城镇化率每增长1个单位，居民消增长17.36%。新型城镇化率的二次项系数为负，表明新型城镇化与居民消费之间存在非线性关系，新型城镇化促进居民消费增长的幅度有减缓趋势，因此，采取必要措施，保持和增强新型城镇化对居民消费的拉动刻不容缓。

表4-6　　　　　　　　　　模型（4-8）回归结果

变量	系数	标准误	t 值	P 值
Urba	17.363	0.187	27.078	0.000
Squrba	-11.824	1.990	-5.940	0.000
常数 α = 5.072			Adjusted R^2 = 0.701	
F = 33.82741			P（F）= 0.000	

4.2.3　研究结论

通过对新型城镇化与居民消费水平关系的研究发现：新型城镇化与我国居民消费水平之间存在着长期稳定的关系，新型城镇化是驱动我国居民消费增加的格兰杰原因，研究新型城镇化驱动居民消费的效应是必要且可行的。其基本数量关系为：新型城镇化率每增加一个单位，居民消费增长约17%。新型城镇化率二次项系数为负，表明近年来新型城镇化驱动居民消费增长有减缓迹象，新型城镇化与居民消费水平增长之间存在着非线性关系，但由于二次项系数不显著。

4.3　新型城镇化与居民消费结构的关系

4.3.1　2000年以来中国居民消费结构变动特征

消费结构指的是居民各种消费支出的构成比例。《中国统计年鉴》将居民消费分为食品、衣着、家庭设备用品及服务、医疗保健、交通通信、娱乐教育文化、居住和其他八类①，本书的消费结构划分运用《中国统计年鉴》之划分方式，将每一类支出占八项支出的比重作为该项目的构成比例（如图4-4、图4-5所示，见表4-8）。

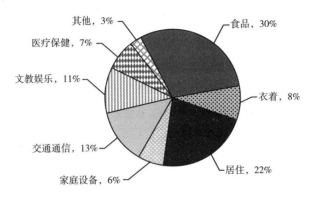

图4-4　2015年全国城镇居民消费支出构成比例

资料来源：作者根据《中国统计年鉴2016》整理计算而来，下图同。

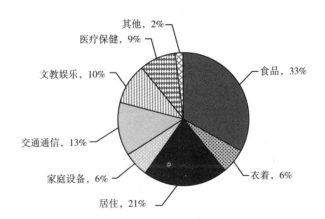

图4-5　2015年全国农村居民消费支出构成比例

对于消费结构的变动，最简单的计算方法是用期末该项支出比例与期初该项支出比例的差额占期初支出的比重来衡量，用数学公式可表示为：$(C_t - C_0)/C_0$，这里 C_t 和 C_0 分别表示期末和期初的构成比例（见表4-8）。综合来看，我国居民消费结构变动具有以下特征。

（1）食品类消费下降，非食品类消费上升。表4-7的数据表明，整体

————————

① 见历年《中国统计年鉴》，2013年起统计口径有所变化，但基本延续了之前年度对统计项目的划分。

看，不管是城镇还是农村，居民食品消费支出在居民消费支出中的比重明显下降，而非食品类消费支出的比重在不断上升，符合恩格尔定律的变动特征，也体现了2000～2015年随着经济增长，我国城乡居民生活水平普遍提高，消费结构发生了明显变化。从恩格尔系数来看，2015年的恩格尔系数①表明我国农村居民生活水平已进入富裕阶段，城镇居民生活水平已进入更加富裕阶段。孙皓、胡鞍钢（2013）[181]计算的1981～1985年居民食品消费支出比重城镇为56.94%，农村为59.38%，跟改革开放初期相比，我国居民的生活水平确实发生了翻天覆地的变化。

表4-7   中国城乡居民主要年份各项消费支出比重   单位：%

年份	城乡	食品	衣着	居住	家庭设备	交通通信	文教娱乐	医疗保健	其他
2000	城镇	39.44	10.01	11.31	7.49	8.54	13.40	6.36	3.44
	农村	36.14	7.41	17.99	5.79	7.25	14.53	6.82	4.09
2005	城镇	36.69	10.08	10.18	5.62	12.55	13.82	7.57	3.50
	农村	36.11	6.93	16.04	5.20	11.48	13.84	7.88	2.53
2010	城镇	35.67	10.72	9.89	6.74	14.73	12.08	6.47	3.71
	农村	34.03	6.83	20.77	6.05	11.95	9.50	8.45	2.44
2015	城镇	29.73	7.95	22.09	6.11	13.53	11.14	6.75	2.70
	农村	33.05	5.96	20.88	5.92	12.61	10.51	9.17	1.89

注：为了更明显观察趋势变化，本表隔五年报告一次。

资料来源：根据相关年份《中国统计年鉴》数据计算而来。

（2）城乡居民消费结构改变既有共性，也体现出一定的差异性。从表4-8可以看出，2000～2015年城乡居民消费增长既有共性也有个性。共同点主要表现为食品、衣着等消费下降，交通通信、医疗保健等消费上升，表明我国居民消费结构在不断地高级化；其差异主要表现为增长率变动幅度。城镇居民消费支出增长最快的依次为居住和交通通信，农村居民增长最快的依次为交通通信和医疗保健。由于房价、房租上涨及居住条件改善使得城镇居民居住类支出增长很快，交通通信基础设施改善、外出务工旅游等使得农村居民交际、交流费用增加，也体现出了生活水平的上升。

---

① 按照FAO（联合国粮农组织）的标准，恩格尔系数在59%以上为绝对贫困，50%～59%为温饱，40%～50%为小康，30%～40%为富裕，30%以下为更加富裕。

表 4 - 8		中国城乡居民各期间消费支出增长率					单位:%	
期间	城乡	食品	衣着	居住	家庭设备	交通通信	文教娱乐	医疗保健	其他
2000 ~ 2005	城镇	-6.97	0.70	-9.99	-24.97	46.96	3.13	19.03	1.74
	农村	-0.08	-6.48	-10.84	-10.19	58.34	-4.75	15.54	-38.14
2005 ~ 2010	城镇	-2.78	6.35	-2.85	19.93	17.37	-12.59	-14.53	6.00
	农村	-5.76	-1.44	29.49	16.35	4.09	-31.36	7.23	-3.56
2010 ~ 2015	城镇	-16.65	-25.84	123.36	-9.35	-8.15	-7.78	4.33	-27.22
	农村	-2.88	-12.74	0.53	-2.15	5.52	10.63	8.52	-22.54
2000 ~ 2015	城镇	-24.62	-20.58	95.31	-18.42	58.43	-16.87	6.13	-21.51
	农村	-8.55	-19.57	16.06	2.25	73.93	-27.67	34.46	-53.79

注:"+"表示增长,"-"表示下降,表中数据为期末相对期初增长的百分比。

资料来源:根据相关年份统计数据计算而来。

(3)我国居民消费结构在不断高级化。表4-7、表4-8显示,在代表高级消费的交通通信、医疗保健等消费支出方面,不管是城镇居民还是农村居民均大幅增加,特别是农村居民增幅更大。这表明我国居民消费尤其是农村居民消费在不断升级,通过外出务工、旅行及交际等提升自我、融入社会和享受现代信息技术的能力在不断提升;居民更加重视自身医疗保健,更加关注健康,他们的生活品质在不断提升。在这些支出项目中,文教娱乐支出不升反降,看似不太合理,但经过分析,我们认为这可能跟国家2006年新颁布的《义务教育法》确定义务教育阶段免收学杂费导致教育支出减少有关。

4.3.2　新型城镇化与居民消费结构升级的关系

(1)消费结构升级及其度量。居民消费结构升级指居民消费从低级的食品等消费支出向高级的医疗保健、娱乐、通信等消费支出转变的过程。它是消费结构的优化和无限上升(文启湘,2005)[182],是居民生活质量由低向高的转变(郭鹏,2007)[183],是由生存型向享受型的转变(毛中根等,2017)[184],其主要特征是物质型消费的下降和服务型消费的上升(范叙春,2016)[185]。对于消费结构升级的度量,常见的做法是运用食品消费支出占总支出(恩格尔系数)的比重下降(程莉等,2016)[186]或非食品类消费占消费总支出的上升(张忠根等,2016)[187]来衡量。俞剑、方福前(2015)用城乡居民工业品与农业品消费的相对支出比例,服务品与工业品的相对支出比例来刻画消费升级,并用统计年鉴项下的食品消费支出代替农业品消费,用居住与家庭设备用品项之和代替工业品,剩余的其他五项支出代替服务品,[188]这其实是将消费与生产中的三次产业对应进行粗略划分。这种方法相对于单纯运用恩格尔系数衡量更具有综合性，但划分方法较随意，而且当分别用工业品与农业品消费的相对支出比例，服务品与工业品的相对支出比例代表消费结构升级衡量指标时，又降低了信息的涵盖量和综合性。因此，为了较为客观全面地衡量消费升级，我们在此参照产业结构升级系数来衡量消费结构升级，使得消费结构升级也能运用一个较为综合的指标来刻画。在产业结构升级方面，学者们（如徐敏等，2015)[189]用产业结构升级系数考察综合的产业升级度，这一做法值得借鉴。其基本思路为：对越代表高级产业结构的产业赋予越大的权重，从而体现出高级产业对产业结构升级系数有着更大贡献。具体做法为：给第一产业赋权重为1，第二产业赋权重为2，第三产业赋权重为3。按照这种思路，我们将居民的消费也细分为初级消费、中级消费和高级消费三个层次，然后根据我国实际和学者们的研究经验，分别选择食品消费、居住消费、交通与通信消费作为各层级消费的代表，分别计算其在总消费中的比重，加权后得到地区居民消费升级率。将食品、居住作为初级与中级消费，比较符合我国居民消费的实际，也是以往研究的通行做法。对于高级消费，我们之所以选择交通通信，是因为交通支出反映了居民休闲旅游等高等级消费及新型消费，更能反映居民消费质量，也符合我国居民消费升级的实际。周建等（2009）的研究就表明，2000年以来我国居民消费升级主要体现在交通通信支出上。[95]这样，消费升级率的计算公式可表示为：

$$Upgrade = Food\% \times 1 + House\% \times 2 + Commu\% \times 3 \qquad (4-9)$$

其中，Upgrade表示消费升级率，Food%表示食品消费支出占消费总支出的比重，House%表示居住消费支出占消费总支出的比重，Commu%表示交通通信消费支出占总消费支出的比重，1、2、3分别表示各项消费支出的权重。Upgrade值越大表明在居民消费支出中高端消费支出越多、低端消费支出越少，消费升级越明显。

（2）新型城镇化与消费结构升级关系实证。类似地，参照模型（4-8）构建模型（4-10）探讨新型城镇化与居民消费升级的关系：

$$Upgrade_{it} = \alpha + \beta Nurb_{it} + \gamma SqNurb_{it} + \varepsilon_{it} \qquad (4-10)$$

Upgrade表示居民消费升级率，其他变量及参数含义同模型（4-8），运用《中国统计年鉴》2000~2015年全国30个省市的城乡居民消费面板数据，根据模型（4-10）测算消费升级率（结果略），新型城镇化率的数据来源于前文的测算，Hausman检验支持随机效应，按照随机效应，模型回归结果见表4-9。

表 4 - 9　　　　　　　新型城镇化与城乡居民消费结构升级回归结果

城镇样本				农村样本			
变量	系数	标准误	t 值	P 值	变量	系数	标准误	t 值	P 值
Urba	0.191	0.071	2.684	0.007	Urba	0.164	0.050	3.265	0.001
Squrba	1.186	0.172	6.898	0.000	Squrba	1.086	0.122	8.912	0.000
常数 $\alpha = 0.766$　　调整 $R^2 = 0.687$					常数 $\alpha = 0.766$　　调整 $R^2 = 0.702$				
F = 10.575　　P（F）= 0.000					F = 12.568　　P（F）= 0.000				

表 4 - 9 的回归结果表明，新型城镇化对我国农村和城镇居民消费结构升级均有正向促进作用，且统计结果在 5% 的显著性水平上显著。分城乡来看，对城镇居民样本，新型城镇化率的系数为 0.191，说明新型城镇化率每增加 1个单位，城镇居民消费升级率提高 0.19 个单位，新型城镇化二次项的系数为正，表明新型城镇化与我国居民消费之间存在非线性关系，是一条向上弯曲的曲线，表明近年来新型城镇化对城镇居民消费升级的促进作用有加快的趋势；对于农村居民样本，新型城镇化率的系数为 0.164，表明新型城镇化率每增加1 个单位，居民消费升级率增加约 0.16 个单位，新型城镇化的二次项系数同样为正，表明新型城镇化对农村居民消费升级的促进作用也有加快的趋势。

4.3.3　研究结论

首先，本节运用居民各消费支出比重变化对 2000 年以来我国居民消费结构变动特征进行了描述和分析，发现我国居民食品类消费支出比重持续下降、非食品类消费支出比重持续上升，消费结构呈现出不断升级态势，并表现出城乡共性与个性并存局面。其次，我们对消费升级的基本概念进行了梳理，对消费升级的量化办法进行了归纳，在此基础上依照产业结构升级系数设计了消费升级率综合计算系数，在对我国居民消费升级率测算的基础上研究了新型城镇化对居民消费升级的影响，发现新型城镇化对我国城乡居民消费升级均起到了促进作用，对城镇居民消费升级的促进作用比农村居民更明显，而且对城乡居民消费升级的促进近年来均有加快的趋势。

4.4　本章小结

本章研究的主要目的是探讨我国新型城镇化与居民消费二者之间的因果关

系。主要工作有以下三项。（1）根据新型城镇化的含义、特征及实质设置了新型城镇化评价指标体系，采用熵值法对指标进行了加权合成，从而得出新型城镇化水平综合分值这一新型城镇化衡量指标。通过对我国 30 个省（区、市）（不含西藏及港澳台地区）在 2000～2015 年这 16 年新型城镇化水平的评价，发现我国新型城镇化水平在评价期间整体上升，但近年来有一些省份受到了环境、资源等方面的约束，增长速度在减缓，这一趋势在老牌城市尤其明显，加快新型城镇化建设刻不容缓。（2）构建模型实证分析了新型城镇化与居民消费水平的关系，发现新型城镇化与居民消费之间存在单项因果关系，新型城镇化是驱动居民消费增长的格兰杰原因。（3）梳理了消费升级的概念、特征及其量化方法，并参照产业结构升级系数设计了消费升级率计算公式，在此基础上进一步检验了新型城镇化是否促进了居民消费结构升级。发现不管城镇还是农村，新型城镇化均起到促进居民消费升级的作用，而且对城镇居民消费升级促进作用比农村更明显。新型城镇化促进消费升级近年来有不断加快的趋势，这是一个值得肯定的好现象，更体现了新型城镇化建设的积极现实意义。总体来看，新型城镇化驱动了我国居民消费数量增加和消费结构升级。

第5章

新型城镇化驱动居民消费的效应：
居民收入视角的实证

第3章的机理分析表明，收入视角下的收入效应、财富效应与分配效应是影响居民消费的主要效应路径，本章通过实证分析对这一理论分析结果进行检验。

5.1 中国居民收入构成、财富拥有及收入差距现状和特征

5.1.1 中国居民收入构成及特征

居民家庭收入主要来源包括工资性收入、经营性收入和财产性收入，除此之外还包括转移性收入及其他收入。2000年以来，我国居民收入构成呈现以下特征。

（1）工资性收入占据居民收入的"半壁江山"，财产性收入偏低。图5－1反映了2015年我国居民收入的构成情况。从图5－1看，我国居民收入中工资

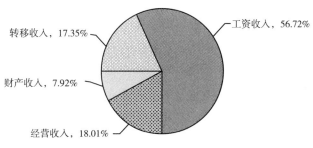

图5－1　居民收入构成

资料来源：作者根据《中国统计年鉴2016》整理计算而来。

性收入占其总收入的57%，可谓占据了居民收入的"大半壁江山"。与之形成鲜明对比的是，居民收入中财产性收入偏低，只占居民总收入的8%，这与发达国家存在较大差距。在美国，居民财产性收入占总收入的比重大约在17% ~ 20%。[190]党的十七大首次将提高居民财产性收入列入报告内容，这反映了党和国家对提高居民收入，尤其是通过提高财产性收入增加居民总收入的重视，这也是未来我国居民收入增长的必然路径之一。

（2）农村居民工资、财产性收入增加，经营性收入减少。表5－1反映了2000年和2015年城乡居民收入构成变化。从表5－1看，2015年与2000年相比，农村居民工资性收入增加了29.22%，经营性收入下降了37.74%，这是我国农村剩余劳动力大幅流转、农民工进城获取工资性收入的真实写照，工资性收入在农民总收入中所占的份额由31%增长到了40%，增长了9个百分点，逐渐成了农民收入的主要组成部分。经营性收入的下降也预示着小农经济的逐渐转型，农民由传统上完全被土地束缚逐渐分化，部分走向城市、走向其他产业，特别是进入劳动力市场获得工薪收入。此外，财产性收入由2%增长到了2.2%，虽略有增加但增加幅度很小。由于国家对"三农"支持力度越来越大，农民的转移性收入大幅增加，由3.5%增加到了14.59%，增长了10%。

表5－1　　　　　　　　2000年和2015年城乡居民收入构成变化　　　　　　　单位:%

收入来源	2000年		2015年		变化	
	城镇	农村	城镇	农村	城镇	农村
工资收入	71.17	31.17	61.99	40.27	-9.18	9.11
经营收入	3.91	63.34	11.14	39.43	7.23	-23.91
财产收入	2.04	2.00	9.75	2.21	7.71	0.21
转移收入	22.88	3.50	17.12	18.09	-5.77	14.59

资料来源：2001年、2016年《中国统计年鉴》，"－"表示下降。

（3）城镇居民的经营性和财产性收入增长较快，但工资和转移性收入有所下降。从表5－1看，城镇居民的经营性收入由占其总收入的约4%上升到了约11%，增长了7个百分点，表明城镇居民通过创办企业等从事生产经营活动在我国经济发展过程中取得的收入大幅增加。财产性收入由2%增长到约10%，增长了8个百分点，表明城镇居民通过有价证券、资产出租等获得的收入增长较快，居民投资与理财意识在不断增强，财富效应在逐渐扩大。相对于经营和财产性收入的增长，城镇居民工资和转移性收入所占比重在下降，转移性收入减少可能跟国家政策导向由农业反哺工业向工业反哺农业转变有关。

（4）城镇居民增长最快的是财产性收入，农村居民增长较快的是工资性收入。城镇与农村相比，最明显的特征是城镇居民财产性收入增长较快，而农村居民转移性和工资性收入增长较快。转移性收入增长主要受国家政策的影响，如果抛开政策性因素，那么农村居民增长最快的是工资性收入。这一特征表明，城镇居民在观念意识、专业知识及财富存量的综合影响下，比农村居民更有能力、更有基础获得更多的财产性收入，有着比农村居民更强的财富效应，而农村居民在这方面有明显劣势。国家在鼓励和创造条件提升居民财产性收入时，要更加关注农村居民这一能力的提升，否则，城乡差距将会越来越大。此外，我国农村居民通过剩余劳动力转移，获得了更多工资性收入，要注意保护农民工的利益和权益，让其稳定地融入城市，使工资性收入成为其稳定的收入来源。

5.1.2　中国居民家庭财富拥有状况

经济日报社旗下的中国经济趋势研究院近年来对中国居民家庭财富状况进行了调查，并连续发布《中国家庭财富调查报告》，其中，2017 年 5 月发布的《中国家庭财富调查报告（2017）》（以下简称《报告》）①，对 36000 户家庭进行了入户调查，样本取值范围涉及 24 个省份、435 个县。该调查对了解我国居民家庭财富拥有状况提供了一手资料，结合该项调查，可将我国居民财富拥有特征概括为以下三个方面。

（1）家庭人均财富增长较快，但以住房等非生产性资产为主。2016 年跟 2015 年相比，我国居民家庭人均财富 16.9 万元，跟 2015 年的 14.4 万相比，增长了 17%，呈现较快增长势头，反映出随着经济快速增长我国居民的财富累积也呈现出加速态势。但是，存在的主要问题是：我国居民财富存量结构单一，存在较大的风险和隐患。根据《报告》数据，2016 年居民房产净值占财富总量的 66%，几乎占了七成，其中：城镇 69%、农村 55%。这说明我国城乡居民的家庭财富中房产占据了重要位置，这跟近年来的房地产价格快速上涨导致资产升值有关。同时，这种状况也暗含了巨大的风险，一旦房产贬值，居民的财富将迅速缩水。从居民消费层面看，大多数居民的房产是用来自住的，是非经营性房地产，按照李涛等（2014）的研究，家庭住房资产（自住）不存在"财富效应"[191]，事实上，过高的房价可能对居民消费存在"挤出效应"[192]。

（2）金融资产以储蓄性投资为主，增值能力弱。在家庭的金融资产上，

---

① 资料来源：中国经济趋势研究院所做的《中国家庭财富调查报告（2017）》。

居民新增的投资几乎全部为储蓄，在其他金融资产上的投资非常少。《报告》调查得出居民选择的理由是：为了应对突发事件（包含医疗）、养老及子女教育，分别占42%、4%及33%。可见，我国居民出于谨慎性原则而进行储蓄仍然是存款的主要原因，是个人面对社会保障不健全、不完善的自我保障手段；也反映了我国居民非常重视子女教育问题，积累教育基金也是我国居民"高储蓄、低消费"的原因所在。可见，增强居民消费率还应该从健全社会保障、降低居民教育负担等入手。另外，我国资本市场不完善、投资渠道少等制约了居民投资，这些原因共同导致了居民金融资产增值能力非常弱。

（3）区域差异、城乡差异明显存在。《报告》显示，2016年东部人均财富24.26万元，中部为11.98万元，西部为9.23万元，东部地区分别是中部和西部的2.03倍及2.63倍，表明我国居民家庭财富存在明显的区域差异。不仅如此，城乡之间也存在较大的差异。以动产为例，城镇家庭的人均保有的家用汽车价值是农村的3.66倍。因此，我们不但有扩大居民财富、增加财产性收入的迫切任务，而且要注意调整东、中、西的区域差异及城乡之间的差异，这既有利于从长远缩小居民收入差距，也更有利于提升社会公平、促进全社会消费率提高。

5.1.3　中国居民收入差距演化特征

（1）以2008年为界，居民收入差距先升后降。用基尼系数来衡量贫富差距是国内外通行做法。国家统计局于2013年发布了全国居民2003~2012年收入基尼系数，并在此后的年份陆续发布上年全国居民收入基尼系数（见表5-2）。

表5-2　　　　　　　　　　中国2003~2016年基尼系数

年份	基尼系数	年份	基尼系数	年份	基尼系数
2003	0.479	2008	0.492	2013	0.473
2004	0.473	2009	0.490	2014	0.469
2005	0.485	2010	0.481	2015	0.462
2006	0.487	2011	0.477	2016	0.465
2007	0.484	2012	0.474		

资料来源：根据国家统计局发布的历年统计公报整理而来，下图同。

根据表5-2的基尼系数值可绘制我国居民2003~2016年基尼系数变化趋势，如图5-2所示。

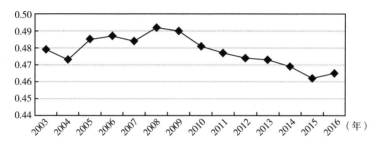

图 5 - 2　2003 ~ 2016 年中国居民基尼系数变动趋势

　　图 5 - 2 显示：2003 ~ 2016 年这一期间，我国居民基尼系数呈现出先升后降的态势，拐点在 2008 年。2008 年之前，居民收入基尼系数整体呈上升趋势，表明居民收入差距在不断扩大；2008 年之后，居民收入基尼系数整体呈下降趋势，表明居民收入差距在不断缩小，这可能跟国家加大转移支付及对"三农"投入增加、农村剩余劳动力转移有关。此外，需要注意的是，2016 年基尼系数为 0.465，相对于 2015 年的 0.462 又有所扩大。这需要我们密切观察是短期波动还是长期趋势的拐点，反映缩小收入差距、调整收入分配的任务依然艰巨而紧迫。

　　（2）收入差距近年来虽然有所下降，但仍然在高位运行。虽然近年来我国居民收入基尼系数有所下降，从 2008 年的 0.492 下降到 2016 年的 0.465，但居民收入差距仍然较大。根据国际标准，基尼系数在 0.4 ~ 0.5 表明居民收入差距较大，0.4 通常也作为收入差距的"警戒线"。近年来我国居民收入差距虽然有所下降，但仍然大于 0.4 的国际警戒线，而且一直在警戒线以上运行，居民收入差距过大的问题仍然不可小觑。为了社会和谐稳定，缩小居民收入差距仍然是当前和今后一段时间的紧迫任务。我们要以新型城镇化建设为契机，加快收入分配格局的调整，使得居民收入差距在合理区间运行。

　　（3）城乡收入差距先迅速扩大再缓慢缩小，差距水平仍然较大。我们选取 1985 年、2000 年及 2015 年的城乡收入比①数据进行对比（见表 5 - 3），发现 1985 ~ 2000 年我国城乡收入差距扩大，城乡收入比由 1.86 倍增加到 2.79 倍；2000 ~ 2015 年，城乡收入比缩小，由 2.79 倍缩小到 2.73 倍，但缩小幅度不大。这说明随着改革开放和市场经济的推进，我国城乡居民收入比呈现出先迅速扩大再缓慢缩小的态势。近年来收入差距的缩小与新型城镇化建设及国家对农民增收的重视不无关系，但城乡差距过大问题依然严峻，通过制度保障缩小城乡收入差距，任务仍然艰巨。

――――――――――

　　①　城乡收入比 = 城镇居民人均可支配收入/农村居民人均纯收入（或农村居民人均可支配收入）。

表 5 - 3　　　　　　　　1985 年、2000 年及 2015 年城乡收入比

年份	1985		2000		2015	
城乡	城镇	农村	城镇	农村	城镇	农村
人均收入（元）	739	398	6296	2253	31195	11422
城镇/农村	1.86		2.79		2.73	

资料来源：1985 年的数据来源于《新中国五十年统计资料汇编》，2000 年及 2015 年的数据来源于 2001 年及 2016 年的《中国统计年鉴》。

5.2　收入、财富及分配效应的度量

在第 3 章机理分析中我们认为，从居民收入视角看，新型城镇化驱动居民消费的效应主要体现为调整数量的收入效应（流量）和财富效应（存量）以及反映全社会收入质量的分配效应。

5.2.1　收入效应及其度量

在第 3 章的机理分析部分，把收入效应界定为居民工资性收入增加而对消费产生的驱动作用。二元结构理论和劳动力迁移理论均表明，城镇现代产业（工业和服务业）由于较高的劳动生产率，其收入要高于传统产业（农业），再加上我国在新型城镇化中要千方百计增加居民收入的理念，新型城镇化过程一定是居民工资性收入的增加过程。从收入来源看，居民收入主要包括工资性收入、经营性收入、财产性收入以及转移性收入。但为了和财富效应相区分，我们在理论分析部分对收入效应的界定主要是工资性收入增加带来的居民消费增加。其他收入如财产性收入在财富效应中反映，转移性收入在公共支出中反映，经营性收入不属于本书收入效应反映的内容。因此，我们用城乡居民工资性收入度量收入效应对居民消费产生的驱动，工资性收入占居民总收入的约六成，是收入的最主要部分。

5.2.2　财富效应及其度量

如果说收入效应是驱动居民消费的流量，那么，财富效应是驱动居民消费的资产存量。收入效应反映了短期驱动消费能力，财富效应则反映了长期驱动消费能力，是有可能长期、持续产生现金流入的一种效应。由于两者均与居民

收入有关，我们将收入效应与财富效应放在了居民收入视角的框架之下，同时，为了将这两种效应相互区分，又分别予以衡量。在机理分析部分，我们界定财富效应指居民由于财富增加而对消费产生的驱动作用。那么，什么是财富呢？在汉语中，财富包含"财"和"富"两方面的含义，"财"指"储蓄""存款"等；"富"指"家屋充实、家境殷实"。"财"与"富"合起来表示"有许多吃和用的东西，有剩余的金钱"。[193]《辞海》中将财富定义为"具有价值的东西"[194]。可见，《辞海》中将是否具有价值作为衡量财富的标准。在西方经济学中，色诺芬认为，同样的一个东西对不同的人来说是否是财富取决于其对所有者是否有用、是否有利。[195]威廉·配第认为财富是劳动和自然物质相结合的产物，所谓"土地为财富之母，劳动为财富之父"。[196]亚当·斯密在其劳动价值论中认为，一切物质产品都是财富。马克思持有类似的观点，认为："资本主义生产方式占统治地位的社会财富，表现为'庞大的商品堆积'。"[147]

　　财富概念的解释多种多样，而财富效应则是一个有特定含义的词。《新帕尔格雷夫经济学大词典》讲，财富效应在现代意义上指的是财富变化对消费者开支产生的影响，这里的财富通常是指"消费者的净资产（资产减去负债）"。在财富效应研究中，主要针对的是有增值功能的金融资产，主要包含证券及用来投资的房地产。[197]生命周期模型是财富效应存在的理论基础，安多和莫迪利安尼（Ando & Modigliani，1963）认为，人力财富和家庭财富是决定居民消费的两种关键因素，[198]家庭财富可以用家庭资产及相关收入来衡量。[191]由此看来，衡量财富有两种思路，一是用家庭财富资产拥有量直接衡量，二是用家庭财富资产带来的收入间接衡量。考虑到数据的易得性和可靠性，本书运用家庭财产性收入来衡量财富大小，并将其与消费相结合衡量财富效应大小。

5.2.3　分配效应及其度量

　　分配效应指的是在新型城镇化过程中，为了体现社会整体公平，通过调整收入分配从而缩小收入差距、提高社会整体的边际消费倾向的作用。其在边际消费倾向递减规律作用下，带来全社会整体消费水平上升，其理论依据最初来源于凯恩斯的边际消费倾向递减规律。后来的研究者（Kalecki，1971[199]；Weintraub，1983[200]）通过严密的理论模型进一步揭示分配与消费的关系，并得出了收入差距扩大会导致有效需求不足的结论。布林德（Blinder，1975）的实证研究支持收入再分配促进消费总水平提高的结论。[201]我国学者程磊

（2011）的研究证明收入差距是我国居民消费需求不足的格兰杰原因。[202]陈斌开（2012）对我国2000～2008年分省数据的实证结果表明城乡收入差距扩大导致居民消费率下降了3.42个百分点[203]。

　　基于此，我们认为一个良好的社会格局应该是不管初次分配还是再分配，都应有利于社会公平度提升，有利于收入差距缩小，当然，这也是新型城镇化的初衷。鉴于此，不管分配"过程"如何，都可以通过收入差距这一"结果"管窥收入分配状况是否得到了改善，因此，本书运用反映收入差距大小的指标——城乡收入比来度量分配效应，并将其与居民消费需求相联系来实证其对消费需求影响大小。之所以运用城乡收入比，是因为：第一，我国存在严重的城乡二元结构，居民收入差距主要体现为城乡收入差距较大（钞小静等，2014）[204]，城乡收入比能反映出这一结果，也是学者们研究收入差距的常用指标（如程磊，2011；[202]陈斌开，2012[203]），更为重要的是，城乡收入比可以计算出分省的值，有利于与新型城镇化指标的交互；第二，基尼系数虽然也是反映收入差距的常用指标，但现有统计数据只能获得全国的基尼系数，很难获得分省的基尼系数，而且该系数计算复杂，不同计算方法计算出的结果差异较大，即便是国家统计局计算的基尼系数其结果可靠性也值得商榷（杨耀武等，2015）[205]，考虑到面板数据回归结果较可靠、稳定，我们运用城乡收入比这一简便易行的指标是一个较好的选择。

5.3　收入视角下新型城镇化驱动居民消费的实证分析

5.3.1　模型构建

　　为了验证收入视角下收入效应、财富效应及分配效应对居民消费的影响，根据第3章机理分析结果，构建以下主效应（main effect）对数模型进行实证检验：

$$\text{LnCons}_{it} = \alpha_0 + \alpha_1 \text{LnEffe\_Inco}_{it} + \alpha_2 \text{LnEffe\_Weal}_{it} + \alpha_3 \text{LnEffc\_Part}_{it}$$
$$+ \text{lnNurb} + \beta X_{it} + \varepsilon_{it} \tag{5-1}$$

　　同时，为了考察新型城镇化是否通过收入效应、财富效应及分配效应促进居民消费，我们以新型城镇化为调节变量，与收入、财富及分配效应分别进行交互，得到包含条件效应（conditional effect）的模型5-2。

$$\begin{aligned} \text{LnCons}_{it} = {} & \alpha_0 + \alpha_1 \text{LnEffe\_Inco}_{it} + \alpha_2 \text{LnEffe\_Weal}_{it} + \alpha_3 \text{LnEffc\_Part}_{it} + \text{LnNurb} + \\ & \alpha_4 \text{Nurb} * \text{LnEffe\_Inco}_{it} + \alpha_5 \text{Nurb} * \text{LnEffe\_Weal}_{it} + \alpha_6 \text{Nurb} * \\ & \text{LnEffc\_Part}_{it} + \beta X_{it} + \varepsilon_{it} \end{aligned} \tag{5-2}$$

这样一来，收入效应、财富效应、分配效应"三效应"相当于承担了新型城镇化促进居民消费的中介效应，而判断新型城镇化是否通过这三种效应驱动了居民消费，需要满足三个条件[206]：（1）新型城镇化与居民消费水平显著相关（这一问题已经在第 4 章得到了验证，即新型城镇化与居民消费水平显著正相关）；（2）新型城镇化分别与"三效应"显著相关；（3）控制"三效应"后新型城镇化与居民消费水平仍然显著相关。由于（1）的显著性已经得到了确认，而（2）、（3）可以直接根据交互项系数是否显著来判断，不必进行层级检验，故在下文中根据回归结果直接检验。[180]

模型 5 - 2 的变量及其含义说明见表 5 - 4。

表 5 - 4　　　　　　　　　　　模型 5 - 2 变量说明

变量类别		变量符号	变量名称	变量说明
被解释变量		Cons	居民消费	代表居民消费水平，用人均消费支出表示
解释变量	基本项	Effe_Inco	收入效应	代表收入效应的变量，用人均工资性收入表示
		Effe_Weal	财富效应	代表财富效应的变量，用人均财产性收入表示
		Effc_Part	分配效应	代表分配效应的变量，用城乡收入比表示
		Nurb	新型城镇化率	用第 3 章计算的新型城镇化综合分值表示
		Cons（- 1）	消费习惯	代表消费习惯的变量，用滞后一期的消费表示
	交互项	Nurb * Effe_Inco	新型城镇化与收入效应	表示新型城镇化与收入效应的交互
		Nurb * Effe_Weal	新型城镇化与财富效应	表示新型城镇化与财富效应的交互
		Nurb * Effc_Gap	新型城镇化与分配效应	表示新型城镇化与分配效应的交互

各主要变量的取值已在上文中进行了说明，并在表中进行了归纳，新型城镇化率为第 4 章计算的新型城镇化综合得分值。当模型中加入交互项后，往往存在着交互项与其组成变量之间因高度相关而存在共线性的可能，对此可用"对中"① 方

① "对中"处理，是为了避免交互项与其包含的低次项间产生多重共线性，将低次项减去其样本均值后再构造交互项，同时将减去均值后的低次项代入回归模型的一种处理方法。

法进行处理（谢宇，2010）[207]。但也有研究者（詹姆斯·杰卡德，2015）认为："这种担忧通常是有误导性的，由于显著性和置信区间与变换前几乎相同，除非共线性高到电脑软件无法运行，否则并不影响交互项分析"[180]。当然，一般情况下，进行"对中"处理是有利的，本书对各参与交互的变量首先进行"对中"处理，并将对中以后的变量进行交互以避免多重共线性对回归结果的影响。此外，在具有交互项的模型中，加入交互项后往往使原来的自变量对于因变量的作用可能由显著变得不显著，这是由于新加入的交互项"承担"了原变量对因变量作用的结果。[207]此时的处理原则是：若原变量不参与交互项，可以直接删除；若参与了交互，往往要从低次项的验证开始，即先验证低次项是否显著而后再检验交互项。我们严格遵循这一原则，采用分步回归的办法，先检验没交互前的低次项，再检验交互后的高次项，这样也便于交互前后系数对比解读，本书在理论分析部分已经对新型城镇化产生的效应进行了分析，实证检验过程先检验未交互前的项，通过交互项系数及与交互前的对比，明确新型城镇化对各效应间是促进（compounding）还是削弱（compensating）的关系。

5.3.2　实 证 分 析

本书选取我国 30 个省（区、市）（不含西藏及港澳台地区）2000～2015 年面板数据进行实证检验，所有数据来源于历年《中国统计年鉴》（2001～2016），并根据居民消费价格指数和国内生产总值指数以 2000 年为基期对相关数据进行平减，调整为实际值。取对数后各变量的描述性统计值见表 5－5。

表 5－5　　　　　　　　　　　　各变量描述性统计值

变量名称	观测值	均值	最大值	最小值	标准误
LnCons	480	8.878	10.476	7.574	0.655
LnEffe_Inco	480	8.575	10.343	7.033	0.727
LnEffe_Weal	480	5.253	8.853	2.644	1.123
LnEffc_Gap	480	1.055	1.560	0.613	0.190
Nurb	480	0.291	0.727	0.132	0.133

为了防止伪回归，我们首先对变量的平稳性进行 ADF 检验，检验结果见表 5－6。

表 5 - 6   变量平稳性 ADF 检验结果

变量名称	ADF 值	P 值	是否平稳	变量名称	ADF 值	P 值	是否平稳
LnCons	24. 186	0. 998	非平稳	Δlncons	159. 218	0. 000	平稳
LnCons（C）	9. 116	1. 000	非平稳	ΔLnCons（C）	267. 216	0. 000	平稳
LnCons（N）	1. 303	1. 000	非平稳	ΔLnCons（N）	203. 919	0. 000	平稳
LnEffe_Inco	33. 472	0. 998	非平稳	ΔLnEffe	166. 597	0. 000	平稳
LnEffe_Inco（C）	34. 961	0. 996	非平稳	ΔLnEffe_Inco	195. 298	0. 000	平稳
LnEffe_Inco（N）	9. 757	1. 000	非平稳	ΔLnEffe_Inco（N）	172. 470	0. 000	平稳
LnEffe_Weal	3. 914	1. 000	非平稳	ΔLnEffe_Weal	353. 668	0. 000	平稳
LnEffe_Weal（C）	5. 867	1. 000	非平稳	LnEffe_Weal（C）	176. 597	0. 000	平稳
LnEffe_Weal（N）	22. 092	0. 997	非平稳	ΔLnEffe_Weal（N）	236. 078	0. 000	平稳
LnEffc_Gap	49. 942	0. 819	非平稳	ΔLnEffc_Part	136. 552	0. 000	平稳

注：（ ）中的 C 表示城镇样本，N 表示农村样本，没加（ ）表示全国样本。

表 5 - 6 表明，所有变量的初始变量均非平稳，但经过一阶差分后均变为平稳变量，即存在一阶单整 I（1）过程。下面我们根据模型 5 - 2 对面板数据进行回归分析，采用 Hausman 检验来确定采用随机效应模型（REM）还是固定效应模型（FEM）。根据检验结果，发现在 5% 的显著性水平上拒绝随机效应，在此选择固定效应模型进行估计，由于我国存在严重的"城乡二元结构"，为了使回归结果更加准确，同时反映城乡差异，将样本分全国、城镇、农村三类分别进行估计，估计结果分别见表 5 - 7、表 5 - 8 及表 5 - 9。

表 5 - 7   模型 5 - 2 回归结果（全国样本）

变量	模型 I	模型 II	模型 III	模型 IV
LnEffe_Inco	0. 228 （6. 767）***	0. 125 （3. 203）***	0. 223 （6. 777）***	0. 230 （6. 875）***
LnEffe_Weal	0. 015 （2. 423）**	0. 020 （3. 302）***	- 0. 013 （- 1. 482）	0. 015 （2. 519）**
LnEffe_Part	- 0. 006 （1. 448）	- 0. 003 （0. 889）	- 0. 001 （0. 751）	- 0. 026 （1. 247）
Lnurb	0. 062 （2. 489）**	0. 521 （5. 364）***	0. 155 （4. 732）***	- 0. 134 （- 1. 484）
LnNurb * LnEffe_Inco		- 0. 060 （- 4. 882）***		

续表

变量	模型 I	模型 II	模型 III	模型 IV
LnNurb * LnEffe_Weal			−0.027 (−4.240）***	
LnNurb * LnEffe_Part				0.174 (1.250)
Lncons（−1）	0.712 (19.476）***	0.739 (20.527）***	0.715 (19.983）***	0.708 (19.472）***
常数 C	0.561	1.046	0.592	0.299
F 值	2203.119	2258.710	2228.330	2161.354
P（F）	0.000	0.000	0.000	0.000
调整后 R^2	0.981	0.972	0.993	0.969

注：*、**、***分别表示在10%、5%、1%的水平上显著，括号内为 P 值。

表 5 − 8　　　　　　　　模型 5 − 2 回归结果（城镇样本）

变量	模型 I	模型 II	模型 III	模型 IV
LnEffe_Inco	0.280 (12.629）***	0.256 (10.659）***	0.280 (12.612）***	0.281 (12.493）***
LnEffe_Weal	0.031 (8.602）***	0.032 (8.846）***	0.032 (5.549）***	0.031 (8.546）***
LnEffe_Part	0.003 (0.137)	0.019 (1.380)	0.001 (0.715)	−0.012 (−0.159)
Lnurb	0.046 (3.166）***	0.242 (3.118）***	0.043 (6.025）***	0.058 (1.012)
LnNurb * LnEffe_Inco		−0.023 (−2.568）***		
LnNurb * LnEffe_Weal			0.001 (0.212)	
LnNurb * LnEffe_Part				−0.010 (−0.214)
Lncons（−1）	0.648 (24.822）***	0.645 (24.862）***	0.648 (24.745）***	0.647 (24.290）***
常数 C	0.610	0.812	0.612	0.629
F 值	3492.213	3438.373	3384.631	3384.636
P（F）	0.000	0.000	0.000	0.000
调整后 R^2	0.996	0.987	0.986	0.943

注：*、**、***分别表示在10%、5%、1%的水平上显著，括号内为 P 值。

表 5 - 9　　　　　　　　　　　模型 5 - 2 回归结果（农村样本）

变量	模型 I	模型 II	模型 III	模型 IV
LnEffe_Inco	0. 110 （5. 516）***	0. 111 （3. 801）***	0. 110 （5. 526）***	0. 111 （5. 603）***
LnEffe_Weal	0. 024 （3. 548）***	0. 024 （3. 533）***	0. 031 （0. 052）*	0. 024 （3. 455）***
LnEffe_Part	- 0. 068 （ - 1. 448）	- 0. 069 （0. 158）	- 0. 075 （ - 1. 523）	- 0. 273 （ - 1. 985）**
LnNurb	0. 052 （1. 804）*	0. 045 （0. 522）	0. 036 （0. 799）	0. 219 （2. 006）**
LnNurb * LnEffe_Inco		0. 001 （0. 078）		
LnNurb * LnEffe_Weal			0. 005 （0. 477）	
LnNurb * LnEffe_Part				- 0. 147 （ - 1. 885）*
Lncons （ - 1）	0. 871 （36. 752）***	0. 871 （35. 153）	0. 869 （35. 747）***	0. 869 （36. 655）***
常数 C	0. 367	0. 362	0. 365	0. 602
F 值	1536. 724	1489. 243	1490. 046	1498. 329
P （F）	0. 000	0. 000	0. 000	0. 000
调整后 R^2	0. 991	0. 990	0. 989	0. 981

注：*、**、*** 分别表示在 10%、5%、1% 的水平上显著，括号内为 P 值。

　　在含有交互项的模型中，加入交互项后原变量系数的含义往往已经发生了改变，为了避免混淆，一般应先回归主效应再回归交互项，这样便于对主效应及交互项分别解释。按照这一思路进行回归，表 5 - 7、表 5 - 8、表 5 - 9 中的模型 I 是未加入交互项前的回归结果，模型 II、模型 III、模型 IV 分别反映加入新型城镇化与收入效应、新型城镇化与财富效应以及新型城镇化与分配效应交互后的回归结果，对于主效应，我们根据模型 I 来解释，对于交互项我们分别根据模型 II、模型 III、模型 IV 来解释。

　　首先，我们看收入效应、财富效应及分配效应的主效应。从全国来看（见表 5 - 7），收入效应、财富效应促进了我国居民消费增加，收入每增加 1%，将导致居民消费增加约 0.23%，财富每增加 1%，将导致居民消费增加 0.02%。分配效应回归结果不显著，这可能是由于我国新型城镇化建设尚在起步阶段，在回归区间通过改善收入差距促进消费作用尚未明确显现有关。另外，城乡收入差距缩小主要是改善农村居民收入水平，理论上应该有利于农村居民收水平提高，从而提升其消费能力。跟第4章检验结果一致，新型城镇化对居民消费具有正向促进作用。这表明收入效应、财富效应驱动了我国居民消费增加。分城乡看，收入和财富效应对我国城乡居民消费增加均产生促进作用，分配效应对农村居民系数为负，回归结果显著。由于我们用城乡收入比反映分配效应大小，实证结果表明城乡差距越小，农村居民消费越多，即分配效应对农村居民消费具有正向促进作用，跟上文推断是一致的。城镇居民收入效应系数为0.28，农村居民收入效应系数为0.11，城镇居民财富效应系数为0.031，农村居民财富效应系数为0.024，表明城镇居民的消费受其收入、财富增加的影响更大，但总体看财富效应目前的作用还较微弱，表现为系数值较小。

其次，我们看加入交互项后的条件效应。两个变量是否具有交互作用关键看交互项系数是否显著，若系数显著，则交互效应存在；若系数不显著，则交互相应不存在。而系数正负反映了因变量在主变量受调节变量作用后斜率变化状况，若系数为正，表明斜率增大，几何图形变动更加陡峭；若系数为负，表明斜率变小（但在此大于0）①，几何图形变动更加平缓。从全国来看，单就新型城镇化、收入效应、财富效应看，均对居民消费起到正向促进作用。当新型城镇化与收入、财富效应交互后，回归结果显著，交互项系数均为负。结合主效应分析的新型城镇化能够驱动居民消费，收入效应与财富效应也能驱动居民消费的事实，表明新型城镇化能够通过收入效应、财富效应驱动居民消费增加，但驱动居民消费增加的强度在样本区间逐渐减弱，表现为系数为负值，几何图形会变得更平缓，这可能跟我国新型城镇化近年来因受到了环境、资源等制约质量低，进而影响了其通过收入效应与财富效应驱动消费造成的。新型城镇化与分配效应交互项后回归结果不显著，不具有统计学意义。分城乡看，对城镇居民而言，新型城镇化与收入效应的交互项显著，农村居民显著的是分配效应。这表明新型城镇化通过收入效应促进了城镇居民消费增加，通过分配效应促进了农村居民消费增加，不过从系数为负来看，效应作用也在弱化。

---

① 交互项系数为负，表明斜率变小，但在这里斜率总是大于0，对此的证明如下：以表5-7的模型Ⅱ为例，设收入效应为X，新型城镇化率为Z（显然$0 \leqslant Z \leqslant 1$），则新型城镇化与收入效应的交互项为XZ，若用Y表示消费，则：$Y = 1.046 + 0.125X + 0.521Z - 0.06XZ$，显然交互项系数为负。在新型城镇化交互项影响下，收入效应对于消费的影响可以表示为：$\partial y / \partial x = 0.125 - 0.06z$，而$0 \leqslant z \leqslant 1$，因此，$\partial y / \partial x$的最小值为0.065，表明斜率恒大于0，因此，收入效应对于消费的影响为正向促进。其他交互项证明类同，略。

5.3.3　主要结论

依据第 3 章的机理分析，认为从收入视角看，新型城镇化驱动居民消费存在收入效应、财富效应及分配效应，本章我们通过构建数学模型，选取我国 2000~2015 年 30 个省（区、市）（不含西藏及港澳台地区）的数据，对理论分析结果进行了实证检验，检验结果基本吻合理论分析的结果。

（1）收入增加、财富增长均促进了我国居民消费的增加，且对城镇居民消费增加的促进效果比对农村居民更加明显。鉴于此，为提升全民消费水平，首先，要千方百计增加农村居民工资性收入，促进农业剩余劳动力转移，通过加快农村居民市民化稳定他们的工资性收入增长势头，是扩大我国居民消费的重要着力方向。其次，要努力扩充居民财富的拥有量。从前文的现状分析看，我国农村居民财富拥有量很小，城镇居民近年来财富增长虽然较快，但以房产为主，持有资产的结构单一、不利于获得资本利得收益。实证结果也表明居民消费的财富效应作用很微弱，表明我国居民通过财富的增长获得资本利得收益进而促进消费作用有限。居民主要依赖工资性收入阻碍了收入水平上升幅度，进而阻碍了我国居民消费水平的进一步提升。再次，从理论上来看，缩小收入差距有利于促进居民消费，实证结果表明，缩小收入差距促进了农村居民消费增加。为此，在现阶段城乡收入差距较大的背景下要努力确保农民收入的增幅要高于城镇居民收入的增加幅度，这既是缩小收入差距、实现社会公平的需要，也是促进我国居民整体消费能力提升的现实需要。

（2）通过收入效应、财富效应促进居民消费是新型城镇化作用于消费的重要途径，对农村居民而言还存在分配效应。通过将收入、财富与收入差距项的交互发现，新型城镇化通过增加居民收入和财富从而增加了居民消费，提高了我国全社会的消费水平，但现阶段新型城镇化发挥作用的力度在减弱，要尽快扭转这种局面，使新型城镇化的作用效果越来越明显。此外，新型城镇化过程缩小城乡差距有利于提升农村居民消费。因此，通过新型城镇化的推进，既有利于提升社会公平、居民福利及生存环境的优化，又有利于建设消费社会。新型城镇化发挥促进消费的作用还有很大的提升空间，是可以大有作为的正确道路，充分说明了国家新型城镇化战略决策的前瞻性和科学性。

5.4　本章小结

　　本章以第 3 章的理论机理分析为基础，对中国居民收入构成、财富拥有及收入差距的现状与特征进行了一般描述，对收入视角下的收入效应、财富效应与分配效应进行了实证检验，以验证理论分析结果在我国居民消费中的实际作用状况。研究结论表明：（1）收入效应与财富效应均促进了居民消费增加，且对城镇居民消费的促进效果更加明显。目前，我国居民财富拥有量小且结构单一，不利于财富效应发挥更大作用。对农村居民而言，进一步增加其工资性收入是扩大消费的主要方向。（2）新型城镇化加强了收入效应与财富效应作用的发挥，对农村居民而言，新型城镇化通过分配效应也促进了其消费。新型城镇化率与收入效应、财富效应及分配效应交互项对居民消费促进作用的验证，表明新型城镇化通过收入效应与财富效应扩大了居民消费。对全国居民样本而言，分配效应不存在统计上的显著性，但分城乡的实证表明，分配效应对农村居民消费起到了积极推动作用。综合以上结论及系数方向，结合边际消费倾向递减规律，仍然不能否认新型城镇化通过分配效应对促进消费存在积极的意义。

第 6 章

新型城镇化驱动居民消费的效应：
消费习惯视角的实证

自从杜森贝利（Duesenberry）在相对收入假说中提出消费习惯问题后，消费习惯就一直被认为是影响居民消费水平的一个重要因素。新型城镇化过程将使居民生活环境和生活方式发生深刻变化，这将通过改变消费习惯而影响居民消费水平，本章对此进行实证检验。

6.1 消费习惯与居民消费

6.1.1 习惯形成理论、内部习惯与外部习惯

消费习惯形成（habit formation）理论是解释居民消费习惯的主要理论，被认为是一种特殊的效用理论（翟天昶等，2017）[208]。该理论基于效用在时间上不可分的基本假设，认为居民历史消费水平对现期消费效用会产生影响，即消费者当前消费效用不仅受到当期消费的影响，还会受到以前习惯存量（habit stock）的影响，是存量与流量综合作用的结果。基于此，消费者会对其消费行为进行动态调整，以期实现消费决策最优化，在消费习惯的影响下，他们的消费行为会显得更加谨慎（杭斌，2009；[209]黄娅娜等，2014[210]）。

习惯形成理论是由杜森贝利（1949）提出的，在相对收入假说中杜森贝利认为，消费者当前消费不仅受到当期收入的影响，还受到过去消费习惯的影响。[20]后来的研究者进一步将消费习惯划分为内部习惯和外部习惯两类，康斯坦尼兹（Constantinides，1990）[211]是最早把内部习惯形成引入霍尔的理性预期条件下生命周期（RELCH）模型的研究者，而安贝儿（Abel，1990）在研究

消费习惯时首次将内部习惯形成和外部习惯形成同时予以考虑并引入效用函数，并将外部习惯形成称为"Catching up with Joneses（赶上邻居家）"[212]。既包含内部又包含外部的消费习惯被称为广义消费习惯，狭义消费习惯仅指的是内部习惯形成（Deaton，1992）[213]。外部习惯对消费产生的效应被称为"示范效应（demonstration effect）"，内部消费习惯对消费产生的效应被称为"棘轮效应（ratchet effect）"。由此可以看出，外部消费习惯会受到其他消费者消费行为的影响，是在其他消费者消费行为的影响下模仿他人进行消费；内部习惯是对自己以前消费习惯的路径依赖，类似于一种谨慎行为（Deaton，1992）[213]。结合对以上理论的理解，我们进一步将二者的关系表述为：在外部消费习惯的作用下，消费者逐渐改变内部消费习惯，从而改变自身消费行为。即外部习惯通过内部习惯起作用，在长期作用下，消费者内部习惯将会逐渐改变，经过长久的积累后从量变到质变，从而形成新的内部习惯（见图6-1）。

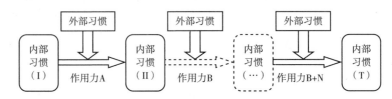

图6-1　外部习惯影响内部习惯的作用机理

图6-1显示：外部习惯会通过多次的作用力改变内部习惯，使得内部习惯持续发生量变，经过多次量变后内部消费习惯由状态 I 变为状态 T，此时的内部习惯已经完全不同于状态 I 时的习惯，内部习惯发生了质变，发生质变后的内部消费习惯其实已经成了一种外部消费习惯，并作用于他人的内部习惯而进一步发挥作用。外部消费习惯通过内部消费习惯起作用，不断循环往复使得内外部消费习惯交替向前滚动发展。举个简单的例子，我国居民今天的消费习惯已经完全不同于20世纪50~60年代的消费习惯，如果时间再往前推移，变化肯定更大，这是一个量变到质变的过程。显然，新型城镇化影响居民消费主要通过外部消费习惯影响内部消费习惯，直接作用于外部而间接作用于内部。由于新型城镇化的作用，农民变成新市民后，消费习惯将会受到老市民的影响而发生改变；在现代交通、通信技术飞速发展的当下，农村居民消费习惯也会越来越受到城市市民的影响。我们将这两种改变统称为"示范效应"。此外，在新型城镇化过程中，农村居民进入城市后，由于消费环境改变，以前自给自足的农产品必须要通过市场购买方式获得，以前不需要的产品在城镇变成了必需品，以前在农村无法购买的产品在城镇变得唾手可得。诸如此类随着生活环境改变导致新市民逐渐、自然地改变消费习惯的效应，我们称其为"环境效

应"。关于示范效应与环境效应在本书第 3 章的机理分析部分已经做过理论分析。因此，本书认为新型城镇化通过改变居民外部习惯提升居民消费水平，其作用途径主要通过示范效应和环境效应发挥作用（见图 6 - 2 所示）。显然，我们这里讲的示范效应不等于外部习惯效应，它是剔除了环境效应以后的示范性成分，即将之前消费习惯研究中的示范效应划分为示范效应和环境效应两部分。如此划分，更有利于我们认识传统上的外部消费习惯，也便于与新型城镇化研究相契合。

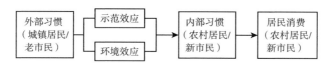

图 6 - 2　外部习惯效应通过内部习惯驱动居民消费

6.1.2　消费习惯的定量化表达

消费习惯研究不但是一个理论问题而且是一个实证问题，在实证研究中如何度量消费习惯是影响实证结果可靠性的一个至关重要的问题。现有实证研究主要关注内部习惯，内部消费习惯的度量多用简化形式——滞后一期的消费表示（Naik & Moore，1996；[214]杭斌等，2008[215]），而目前对外部消费习惯的研究则更多的是理论分析，并将其归结为"示范效应"。借鉴内部消费习惯的量化，闫新华等（2010）[216]、崔海燕等（2011）[163]研究农村居民外部消费习惯时运用滞后一期的城镇居民消费进行定量表达，这给我们量化外部消费习惯效应提供了可借鉴的思路。但是，这种做法只能得出笼统的、总括的外部习惯效应。根据我们的研究所需，需要获得更多信息，即将外部习惯效应细分为示范效应和环境效应两种效应，相当于将滞后一期值的系数要进行分解，可用数学表达式表示为：

$$H_d = \theta D_e + (1 - \theta)E_e \qquad (6-1)$$

其中，H_d 表示外部习惯下的总消费效应，D_e、E_e 分别表示将外部习惯效应拆分后的示范效应和环境效应。这个表达式有两点含义：①总示范效应经拆分后有且仅有 D_e、E_e 两部分；②在满足①的条件下 D_e 和 E_e 的系数 θ 和 $1 - \theta$ 是互补的。而①是否满足是一个不断需要实证检验的问题，系数的互补表明，我们在参考前人做法的过程中无法将式（6-1）的右边部分直接代入模型进行检验，显然由于二者相关会造成多重共线性。另外一种量化的思路是不谋求单一的指标去解决问题，而是用合成的指标体系（万勇，2012；[87]王平等，2016[108]）这种"以偏概全"的办法解决变量量化问题。这种方法的好处是：在合成指标体系过程中由于尽可能选择了较为理想的指标，基本能达到用指标体系综合值作为代理变量进行实证检验。但存在的问题是：跟以前较成熟的研究结果比，分解后的效应可能会遗漏一部分外部习惯效应，造成结果误差较大。为此，我们取长补短，综合以上两种思路在下面的实证分析过程中分"两步走"：先运用滞后一期的城镇居民消费值测算外部习惯总效应，避免总效应的遗漏；然后用指标体系合成值分解拆分后的效应系数值，即计算 θ。这样既延续了前人研究的精髓，又能检验本书提出的示范效应和环境效应，并尽可能地减少估计误差。

6.2　从消费支出波动看中国居民消费习惯

消费被认为是宏观经济指标中最平稳的变量之一（齐全福等，2007）[217]。这从理论层面来看，是出于两点：一是由于消费习惯的存在，居民会延续以前的消费行为，从而对现期消费起到稳定作用；二是其是消费者进行跨期消费的最优选择，对财富和收入进行跨期配置后进行平滑的结果。下面通过对我国居民消费支出内部及与其他相关指标的对比分析，初步判断我国居民消费支出的波动情况。

6.2.1　消费支出波动与 GDP 变动比较

2000 年我国人均 GDP 为 7924 元，人均消费支出为 3721 元，其中城镇人均消费 4998 元，农村人均消费 1917 元；2015 年我国人均 GDP 为 50251 元，人均消费支出为 19397 元，其中城镇人均消费 27210 元，农村人均消费 9679 元。

从增长情况来看，2015 年 GDP 是 2000 年的 6.34 倍，人均消费支出是 2000 年的 5.21 倍，其中城镇为 5.44 倍，农村为 5.04 倍。图 6-3 的趋势图反映了消费与支出增长变化情况。从图形可以看出，GDP 的图形明显陡峭，而消费支出的图形平缓很多，表明 GDP 的增长率快于消费增长率。

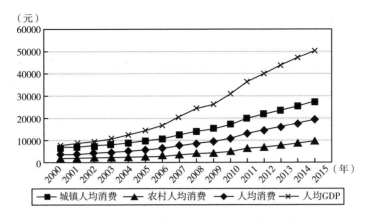

图 6 - 3　人均消费支出变动与 GDP 变动比较

资料来源：根据相关年份《中国统计年鉴》计算整理而来。

6.2.2　消费支出波动与收入变动比较

2000 年全国农村居民人均纯收入 2253 元，城镇人均可支配收入 6280 元，农村人均消费支出 1917 元，城镇人均消费支出 4998 元；2015 年全国农村人均可支配收入 11422 元，城镇人均可支配收入 31195 元，农村人均消费支出 9679 元，城镇人均消费支出 27210 元。从图 6 - 4 看，不管是城镇还是农村，收入增长幅度均大于消费增长速度。表明居民消费跟收入相比变化幅度更小，表现为图形变化更加平缓。

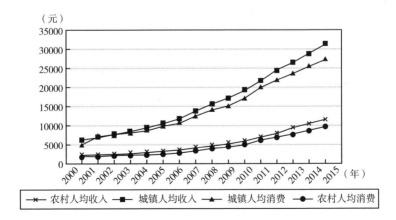

图 6 - 4　人均消费支出变动与收入变动比较

6.2.3　居民消费支出内部结构波动比较

为避免个别年份数据波动造成的影响，我们以 2000～2002 年的均值为期初消费支出值，以 2013～2015 年的均值为期末值，计算城镇（见表 6－1）和农村（见表 6－2）的各项消费支出变动倍数。根据表 6－1、表 6－2 的计算结果，发现城镇居民消费变动最小的是食品和衣着，变化最大的是居住和交通通信。食品消费支出期末是期初的 2.87 倍，衣着期末消费是期初的 3 倍，居住期末消费支出是期初的 7.78 倍，交通通信期末消费支出是期初的 5.2 倍。表明城镇居民消费惯性最强的是食品和衣着消费支出。农村居民变化最小的是衣着和食品，变化最大的是交通通信和居住。衣着消费支出期末是期初的 5.09 倍，食品消费支出期末是期初的 5.77 倍，交通通信消费支出期末是期初的 9.2 倍，居住消费支出期末是期初的 7 倍。综合来看，城乡居民消费支出中食品和衣着支出等"民生性"消费惯性最强、变化最小。而反映时代特征和技术进步的居住及交通通信等消费支出惯性最弱、变化最大。

表 6－1　　　　　　　　　　城镇居民各项消费支出变动

期间	食品	衣着	居住	家庭设备	交通通信	其他
期初：2000～2002 年均值（元）	2085.70	541.70	579.23	400.70	503.33	753.97
期末：2013～2015 年均值（元）	5977.00	1627.33	4505.67	1222.67	2616.67	2171.00
期末/期初（倍）	2.87	3.00	7.78	3.05	5.20	2.88

资料来源：根据相关年份《中国统计年鉴》整理计算而来，下表同。

表 6－2　　　　　　　　　　农村居民各项消费支出变动

期间	食品	衣着	居住	家庭设备	交通通信	其他
期初：2000～2002 年均值（元）	486.60	99.20	250.80	76.93	110.53	196.53
期末：2013～2015 年均值（元）	2805.33	504.67	1756.33	502.33	1017.00	861.33
期末/期初（倍）	5.77	5.09	7.00	6.53	9.20	4.38

6.3　消费习惯视角下新型城镇化驱动居民消费效应实证

6.3.1　两部门假设下的示范效应及环境效应

在理论分析部分已经阐明新型城镇化对居民消费习惯的影响主要体现在两

个层面：一是城镇市民对农村居民的影响，二是城镇内部老市民对新市民的影响。在宏观研究中，区分农民和市民是非常容易的，而要区分新市民和老市民则比较困难，没有宏观统计数据支撑，更没有确定的标准。即便微观调查数据，也无法获得稳定的、连续的面板数据。在这里，我们可以考虑进行技术性处理，即经过抽象和简化后，假设只存在外部习惯由城镇向农村居民传递这一种情况。这样做的理由是：刚刚进入城镇的新市民和农村居民相比，消费习惯变化很小，甚至可以忽略。城镇化不久的新市民的消费状态其实更像农村居民的消费状态，新市民依然具备农村居民的消费特征。随着时间的推移，这一特征会逐渐向老市民接近，从而更具有城镇居民的消费特点。因此，做出这样的假定是合理的。这样处理的好处是：在不影响研究目的的前提下可以简化研究，把新型城镇化对消费习惯的影响仅仅看成城市市民对农村居民的影响。雷潇雨等（2014）在研究城镇化对居民消费率的影响时，在城镇框架中加入了农村部门，跟我们的处理思路有异曲同工之处。城市和农村的相互联系可用图 6-5 表示。

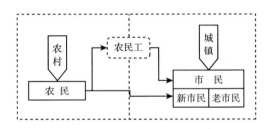

图 6-5　农村与城镇两部门的联系

在两部门假设基础上，示范效应和环境效应只存在于城镇向农村的单项传递。我们认为，城镇居民之所以会对农村居民消费习惯产生影响，是由于城镇和农村的差异（或差距）造成的，若城乡之间没有差异，那城镇即农村，农村即城镇，就不会产生相互间的示范效应，也不会产生环境效应。所以，示范效应和环境效应产生的根源是城镇与农村的差异——生活方式的差异、生活环境的差异。基于这一认识，我们参照王平、王琴梅（2016）[108]的研究，构建示范效应和环境效应的评价指标体系（见表 6-3）。

表 6-3　　　　　　　　　　　　外部习惯效应分解指标

效应类别	效应特征	代理指标	指标性质
示范效应	高端消费引领	城镇居民交通通信支出/农村居民交通通信支出	+
	住房消费提升	城镇居民住房支出/农村居民住房支出	+
	生活品质提升	城镇居民医疗保健支出/农村居民医疗保健支出	+

续表

效应类别	效应特征	代理指标	指标性质
环境 效应	城镇交易的便捷性	各地限额以上零售企业销售额（万元）	+
	商品信息的易扩散性	各地区信息传输、电信业就业人数（人）	+
	城镇交通的高效性	每万人拥有公共交通数量（标台/人）	+

6.3.2　模型构建与变量说明

崔海燕等（2011）对耐克和莫尔（Naik & Moore，1996）提出的习惯偏好的生命周期——持久收入模型进行了改进，并用持久收入代替了财富预期从而形成了可运用我国宏观统计数据进行实证分析的模型。[163]我们参照该理论模型并结合新型城镇化背景下的研究需要，构建以下对数模型：

$$\ln c_{it} = \eta_i + \beta_{i1}\ln y_{it} + \beta_{i2}\ln c_{it-1} + \beta_{i3}\ln c'_{it-1} + \mu_{it} \qquad (6-2)$$

其中，c_{it}表示农村居民消费支出。已有的研究经验表明，耐用消费品和非耐用消费品的习惯效应是不同的，对于耐用消费品，前期消费越多则本期消费越少；而对于非耐用消费品，前期消费越多，则本期消费越多（Deaton，1992；[213]贾男，2011[218]）。因此，为了得到更明晰的信息，在这里把消费支出按照中国国家统计局的分类方式对总消费及其项目下的食品消费支出、衣着消费支出、居住消费支出、家庭设备消费支出以及交通通信消费支出（下同）分别进行实证检验；y_{it}表示农村居民的收入，用人均纯收入（或可支配收入）表示；c'_{it-1}表示城镇居民滞后一期的消费支出。根据前文的理论分析，可以用c'_{it-1}来衡量城镇居民对农村居民消费的示范效应。此外，η_i代表面板数据分省的个体效应，i表示省份，t表示年份。

对于模型（6-2），在估计时需要注意以下问题。第一，该模型在设定过程中由于加入了滞后一期消费c_{it-1}这一内生变量，使得模型事实上变成动态面板数据模型，从而使得内生变量与个体效应相关而产生偏误。第二，当模型中主要变量产生偏误后，测量误差会使得解释变量与随机误差项相关。为了解决这些存在的问题，阿雷亚诺和邦德（Arellano & Bond，1991）[219]提出了差分广义矩（DIF GMM）方法进行估计。我们运用这一思路和方法，对模型（6-2）进行一阶差分后消除个体效应，从而得到模型（6-3）：

$$\Delta \ln c_{it} = \Delta \beta_{i1}\ln y_{it} + \Delta \beta_{i2}\ln c_{it-1} + \Delta \beta_{i3}\ln c'_{it-1} + \mu_{it} \qquad (6-3)$$

模型（6-3）虽然消除了个体效应对估计结果的影响，但仍然无法解决内生变量与误差项的相关性问题。而要解决这一问题，最好的办法就是工具变量法（IV）。参照阿雷拉诺和邦德（Arellano & Bond，1991）的做法，认为滞后项 t－2 期之前的项是很好的工具变量，这样，该工具变量存在于以下工具变量集中：

$$E\left[\Delta\mu_{it}\times c_{it-1}\right]=0,S\geq2;t=3,\cdots,T \qquad (6-4)$$

在差分广义矩估计中包含众多的工具变量，是否有效需要进行检验，本书选择 Sargan 统计量对其有效性进行识别。Sargan 检验的原假设是模型过度约束有效，如果拒绝原假设，工具变量无效，模型设定错误；如果不能拒绝原假设，则工具变量有效，模型设定正确。

6.3.3　实证结果及示范效应、环境效应分解

（1）实证结果。根据模型（6-3）、模型（6-4），我们选取除西藏外的我国 30 个省（区、市）（不含西藏及港澳台地区）2000～2015 年的面板数据进行实证检验，所有数据来源于历年《中国统计年鉴》（2001～2016），并运用居民消费价格指数对原始数据以 2000 年为基期进行调整。根据模型（6-3）差分后，依据模型（6-4）选择变量差分后滞后两期的值作为工具变量进行面板差分广义矩估计，估计结果见表 6-4。

表 6-4　　　　　　　　　模型 6-3 差分 GMM 估计结果

变量	总消费	食品	衣着	居住	家庭设备	交通通信
lny_{it}	0.312 *** (38.854)	0.102 *** (46.176)	0.019 *** (18.949)	0.089 *** (22.639)	0.011 *** (17.568)	0.039 *** (18.471)
lnc_{it-1}	0.679 *** (74.542)	0.399 *** (95.083)	0.617 *** (16.093)	0.524 *** (0.000)	0.885 *** (123.673)	0.807 *** (71.220)
lnc'_{it-1}	0.013 *** (7.66)	0.117 *** (23.533)	0.039 *** (4.902)	0.048 (1.181)	0.010 *** (7.779)	-0.017 *** (-5.404)
有效样本量	420	420	420	420	420	420
Saragan 检验（p 值）	0.281	0.370	0.438	0.328	0.345	0.318

注：括号内为 t 值，本书采用 Saragan 检验确定工具变量的有效性，选取的工具变量为滞后两期值，*、**、*** 分别表示在 10%、5%、1% 的水平上显著。

表 6-4 的回归结果表明：第一，从总消费来看，居民消费具有很强的内部习惯特性和较微弱的外部习惯特性。农村居民上期消费对本期总消费的影响

系数为 0.679，且结果显著，表明农村居民消费内部习惯效应明显。城镇居民上期消费对农村居民本期消费的影响系数为 0.013，且结果显著，表明外部习惯对农村居民本期总消费亦有影响，但影响较弱，Saragan 检验表明工具变量有效。第二，从食品消费看，农村居民上期消费和城镇居民上期消费对农村居民消费均有正向影响，表明农村居民食品消费既具有内部习惯效应，又具有外部习惯效应。内部习惯影响系数为 0.399，外部习惯影响系数为 0.117，统计结果显著，Saragan 检验表明工具变量有效。第三，从居住消费看，农村居民居住消费具有内部习惯效应，外部习惯效应结果不显著。上期居住消费对本期消费存在着正向影响，影响系数为 0.524，结果显著。城镇居民对农村居民居住影响统计结果不显著，不存在统计学上的意义。第四，从家庭设备消费看，内部习惯效应明显，但外部习惯效应非常小。上期消费对本期消费的影响系数为 0.885，且结果显著；城镇居民对农村居民消费影响为 0.01，影响非常小，回归结果显著。Saragan 检验表明工具变量有效。第五，从交通通信消费支出看，农村居民通信消费支出存在明显的内部习惯效应，影响系数为 0.807；城镇居民交通通信消费对农村居民消费存在反向的外部习惯效应，但该效应很微弱，系数为 -0.017。因此，交通通信支出主要受到内部消费习惯的影响。

（2）外部习惯效应分解：示范效应与环境效应。根据以上实证结果，我们获得了新型城镇化过程中内部消费习惯及外部消费习惯对居民消费的影响，但正如理论部分分析一样，外部习惯效应既包含示范效应同时也包含环境效应，即将外部习惯总效应分解为两部分：示范效应和环境效应。其实就是要决定式（6-1）中的 θ，即确定 D_e 和 E_e 的系数。根据表 6-3 的指标，利用各指标统计数据，并运用熵值法［计算公式见第 4 章式（4-1）~式（4-7）］测定合成的权重，得到 θ 等于 0.662，那么，1-θ 等于 0.338，式（6-1）的外部习惯效应可表示为：$H_d = 0.662D_e + 0.338E_e$，即外部习惯效应中，示范效应贡献了 66.2%（约占 2/3），而环境效应贡献了 33.8%（约占 1/3）。据此可以把表 6-4 的外部习惯效应（即总示范效应）系数分解，结果见表 6-5。

表 6-5　　　　　　　　　　外部习惯效应系数分解结果

效应	总消费	食品消费	衣着消费	居住消费	家庭设备消费	交通通信消费
c_{it-1}^t 系数	0.013	0.963	0.357	-0.059	0.003	0.081
示范效应	0.042	0.638	0.236	-0.039	0.002	0.054
环境效应	0.021	0.325	0.121	-0.020	0.001	0.027

资料来源：根据《中国统计年鉴（2016）》分省数据的表 6-3 所示指标值，运用熵值法测定的权重对 6-3 外部习惯效应系数（c_{it-1}^t）分解而来。

（3）新型城镇化是否强化了示范效应与环境效应作用的发挥。以上分析过程表明了通过外部习惯效应，城镇居民对农村居民的消费改变发生了作用，这在一定程度上反映了城镇化过程中城镇居民对农村居民消费的影响，但本书更加关注新型城镇化，为了进一步明确新型城镇化与示范效应及环境效应之间存在确定数量关系，我们在此构建以下模型进行确认：

$$E_{it} = \alpha_0 + \alpha_1 Nurb_{it} + \alpha_2 Nurb_{it}^2 + \varepsilon_{it} \qquad (6-5)$$

其中，E_{it} 分别表示示范效应和环境效应，$Nurb_{it}$ 表示新型城镇化率。示范效应和环境效应值根据表 6-3 的指标进行加权合成，新型城镇化率为第 3 章计算的结果，数据来源同（1）。模型（6-5）回归结果如下。

表 6-6　　　　　　　　　　　　模型 6-5 回归结果

效应	示范效应	环境效应
Nurb	0.143 (2.047) **	0.058 (4.146) ***
$Nurb_{it}^2$	0.021 (1.976) **	0.006 (3.624) ***
常数 C	0.466	0.346
F 值	242.35	309.543
P（F）	0.000	0.000
调整后 R^2	0.906	0.912

注：本表是针对消费总额的验证结果，* 、** 、*** 分别表示在 10%、5%、1% 的水平上显著，括号内为 t 值。

表 6-6 的回归结果显示，新型城镇化对示范效应及环境效应均存在正向影响，新型城镇化水平越高，示范效应和环境效应越明显，表明在 2000～2015 年的样本区间，新型城镇化对示范效应和环境效应起到了促进作用；新型城镇化率提高一个单位，示范效应提升 0.143 个单位，环境效应提升 0.058 个单位，新型城镇化二次项系数为正，表明新型城镇化对示范效应和环境效应的促进作用越来越明显。结合表 6-4 的结果，可进一步得出结论：新型城镇化通过外部习惯效应下的示范效应和环境效应驱动了居民总消费水平提高，示范效应和环境效应是新型城镇化作用于居民消费习惯，从而提升消费的重要路径，而且这一路径下的效应作用在样本区间呈现出越来越增强的趋势。

6.3.4　主要结论

在农村与城镇两部门假设下，构建数学模型分析了城镇化过程中内外部消费习惯对农村居民消费的影响，在此基础上，将外部习惯效应分解为示范效应和环境效应。得出主要结论如下。

（1）居民总消费支出显示出很强的内部习惯效应和微弱的外部习惯效应，新型城镇化通过示范效应和环境效应这种外部习惯效应加快了农村居民总消费水平提升。实证结果表明，从居民总消费支出看，农村居民消费受上期消费影响较大，呈现出较强的内部习惯效应。同时，在城镇化过程中农村居民消费也受到了城镇居民消费水平这一外部习惯效应的影响，外部习惯改变居民消费是通过示范效应和环境效应发挥作用，但效果较弱。

（2）分项消费研究表明，居民食品、衣着、家庭设备、交通通信消费均具有明显的内部习惯效应特性，但在居住消费方面内部习惯效应特性并不显著。食品等非耐用品消费具有内部习惯效应这一结论跟主流研究结论一致，但家庭设备等非耐用品消费具有内部习惯特性跟贾男等（2011）的研究存在差异，他们的研究认为，对于非耐用品消费，上期消费越多则本期消费越少。[218]产生差异的原因可能是他们研究中选用的是微观数据，而本书运用的是宏观统计数据。对于一个家庭来讲，由于耐用消费品使用寿命较长，上期消费越多则本期消费必然越少，这是符合日常行为习惯的。但当采用宏观数据时就掩盖了家庭间的异质性，家庭间的消费会相互抵消，从而显示整个社会耐用消费品消费具有内部习惯特性。因此，从微观层面的家庭或个人来看非耐用品消费不存在内部习惯效应，但从整个社会看则可能存在内部习惯效应。

（3）居民分项消费的外部习惯效应存在差异。虽然从总消费水平来看，新型城镇化通过外部示范效应和环境效应促进了居民消费提升，但在分项消费间存在差异。其中：食品消费、衣着消费、交通通信消费存在正向促进作用，而在城镇化过程中外部习惯效应对农村居民居住、家庭设备消费存在反向挤出效应。这可能是由于城镇化快速发展的同时，伴随住房、房租价格快速上涨的大背景，进城务工人员在城市购买房屋、设备等挤出了其在农村的消费造成的。

（4）新型城镇化加快了示范效应和环境效应发挥作用，而且这一效应呈现出不断加强的趋势。外部消费习惯对居民消费的总效应中，示范效应约占2/3，环境效应约占1/3。消费习惯效应在理论上已经得到研究者的广泛认可，但在实证研究中，由于消费习惯涉及消费心理（杭斌等，2008）[215]、文化

（叶德珠等，2012）[220]等因素，对其定量化描述还存在一定困难，成熟的做法是运用滞后一期的消费来表示消费习惯。在外部消费习惯中，我们通过理论分析认为外部习惯效应包括示范效应和环境效应两部分，采用城镇居民滞后一期消费代表外部习惯效应并在运用模型估计的基础上，通过构建指标体系，采用熵值法估计权重以进一步对外部消费习惯进行分解，得出外部习惯效应中示范效应约占66.6%，环境效应约占33.8%。而且，进一步的分析表明，这两种效应与新型城镇化水平之间存在明确关系，即新型城镇化加快了这两种效应发挥作用，从而促进了居民总消费的增加，且效果越来越明显。

6.4 本章小结

本章在结合第3章机理分析的基础上，对习惯形成理论进行了梳理，并创造性地提出了外部习惯通过内部习惯起作用，从而影响消费者个体行为的理论推断。消费习惯的定量化表达一直是制约消费习惯实证研究更细致、更深入开展的理论和技术问题，鉴于本书的研究需要，我们对消费习惯在实证研究中定量化表达的已有研究成果进行了归纳，并结合本书理论分析中所阐明的外部习惯效应包含示范效应和环境效应的机理，提出了两部门假设下解决外部习惯效应量化的"两步走"办法。在此理论研究的基础上，对我国居民消费支出波动反映出的消费习惯进行了呈现，从而形成对我国居民消费习惯初步、总括的认识。最后，我们以理论分析为依托，构建模型进行实证研究，得出了以下结论：（1）从总的居民消费支出看，我国居民消费显示出很强的内部习惯效应和微弱的外部习惯效应，新型城镇化主要通过外部习惯效应中的示范效应和环境效应加快了居民消费水平提升。（2）从分项消费支出看，食品、衣着、家庭设备、交通通信等消费具有很强的内部习惯效应特性，但在居住消费方面内部习惯效应特性并不显著。对此，结合前人研究成果可以推断，在消费项目中非耐用消费品不管是微观层面还是宏观层面内部习惯效应明显，耐用消费品在微观层面的个人、家庭消费不具有内部习惯效应，而在宏观层面整个社会消费存在内部习惯效应的结论。（3）新型城镇化外部习惯效应中的示范效应和环境效应加快了居民消费总水平的提升，其中示范效应促进消费贡献了约2/3，环境效应贡献了约占1/3。这表明通过新型城镇化建设，可以改变居民尤其是农村居民消费环境，从而发挥环境效应；通过城乡互动可产生示范效应，从而改变农村居民和新市民传统的消费习惯，提升居民消费水平。

第 7 章

新型城镇化驱动居民消费的效应：
公共支出视角的实证

新型城镇化过程要求补齐城镇公共物品不足、社会保障不健全等短板，这可能使政府公共支出规模扩大，从而对居民消费产生影响。本章首先实证分析公共支出对我国居民消费存在挤入抑或挤出效应，并在此基础上进一步分析挤入效应中保障效应和引致效应对我国居民消费的驱动作用大小。

7.1 公共支出及其分类

7.1.1 公共支出的含义

为了进一步研究公共支出对居民消费的影响，首先需要明确公共支出的含义。所谓公共支出（public expenditure），即公共财政支出，也称预算支出，是指："政府为提供公共产品和服务、满足社会共同需要而进行的财政资金的支付、分配活动。它是政府为履行社会职能所花费的社会资源，是政府在提供公共产品和服务方面所花费的成本和费用。公共支出是财政活动的重要环节，反映了市场经济条件下政府活动的范围和方向，也反映了政府参与资源配置的规模、结构和意图。"[221] 可见，公共支出是在各级政府支配下的社会资源的配置，其目的是满足公民公共物品需要、体现社会公平，它是通过政府这种"无形的手"对社会产品进行的再分配。

7.1.2 公共支出结构及分类

公共支出结构（structure of public expenditure）是指："在一定的经济体制

和财政体制下，在财政资金分配过程中，公共财政支出总额中各类支出的组合及各类支出在总支出中的比重，即财政支出的构成。"[222] 公共支出结构表现为各类财政支出的集合，体现为一定的数量关系，但实际上是财政职能状态和政府政策的体现。

公共支出涉及项目较多，为了深入探究公共支出构成特征，有必要对其类别进行划分，这是加深理解与认识的重要手段。按照政府的职能来划分，政府主要履行经济管理职能和社会管理职能，履行经济管理职能的支出称为经济管理支出，履行社会管理职能的支出称为社会管理支出。前者主要指经济建设费，而后者主要指国防、文教、行政管理及其他支出。[223] 这样，公共支出被分为经济建设费、国防费、社会文教费、行政管理费和其他五类。按财政支出的经济性质可分为建设性支出和非建设性支出。建设性支出包括用于生产的基本建设、用于企业挖潜改造、地质勘探、支农资金及城市维护建设等支出；非建设性支出包括非生产性的基本建设支出、事业发展和社会保障、价格补贴支出等。[224] 此外，按照财政支出与经济活动之间的关系，可分为购买性支出和转移性支出。所谓购买性支出，是政府为执行国家职能用于购买商品和劳务的支出，在购买过程中财政付出资金购买相应的商品和服务，并将其运用到实现国家职能中去；所谓转移性支出，是通过财政方式无偿、单方面地将部分纳税人的资金转移给另一部分人的行为。[225]

此外，国际货币基金组织（IMF）在政府财政统计（government finance statistics，GFS）中将财政支出按功能划分为三大类：一般公共服务、经济事务和民生性政府支出。其中：一般公共服务支出主要包括国防、公共安全等支出；经济事务支出包括基础设施建设、农林牧渔及交通通信等支出；民生性政府支出包括环境保护、健康卫生、文化教育、社会保障等支出。学者刘小川等（2014）[226] 在实证研究中参考了此分类方法。事实上，我国于 2007 年实行的财政收支分类改革中，在项目划分上也与 IMF 的划分更加接近，国家统计局公布的统计数据也与此基本一致，这种分类方式更能体现财政的基本功能。因此，本书在后面的实证分析中，将采用此种分类方式。

7.2　中国公共支出特征的一般描述

7.2.1　公共支出规模持续增长

改革开放以来，我国经济快速发展，伴随着国内生产总值的增加，公共财政支出也以较快的速度增长（如图 7 - 1 所示）。我国 GDP 总量 1978 年为 3678.7 亿元，2015 年为 689052.1 亿元，是 1978 年的 187 倍；相对于 GDP 增长，我国公共财政支出 1978 年为 1122.1 亿元，2015 年为 175877.8 亿元，是 1978 年的 156.7 倍。

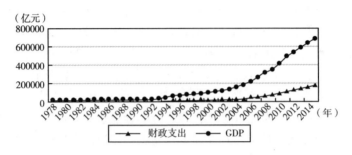

图 7 - 1　中国公共支出和 GDP 的变化

整体来看，二者都以非常快的速度增长，且 GDP 的增长速度快于财政支出的增长速度。从公共支出占 GDP 的比重来看，改革开放以来我国财政支出所占的比重"先降后升"，大致呈"V"型走势（如图 7 - 2 所示）。

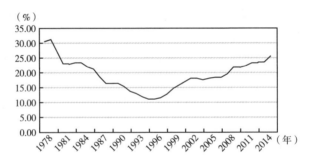

图 7 - 2　公共支出占 GDP 比重的变化

1978 年公共支出占 GDP 的比重为 30.5%，此后一直下降到 1996 年，此时公共支出占 GDP 的比重为 11.05%。1997 年开始，公共支出开始上升。截至 2015 年，公共支出占 GDP 的比重为 25.5%。

7.2.2　"三农"支持力度空前加大

1997～2003 年，我国"三农"方面出现了值得关注的问题，那就是农民收入增速小于城镇居民收入增速，城乡差距进一步呈扩大趋势，而且在 2003 年，我国粮食产量出现了罕见的下滑局面。这引起了党中央国务院的高度重视，中央和地方两级财政通过加大对"三农"的投入，来支持农业和农村的发展。在 2003 ~ 2007 年，中央财政三农投入累计为 15581.2 亿元，年均增长达 17.8%，而 2008 年相对于 2007 年又增长了 37.9%，投入达到 5956 亿。[227]除了中央财政外，地方财政对三农的支持也大幅增加，使农村生产生活条件得到了极大的改善。近年来，国家全口径财政（中央加地方）用于"三农"的投入每年高达 3 万亿元。单从农林水事物支出项看（如图 7-3 所示），2007年为 3404.7 亿元，2015 年为 1.738 万亿元，是 2007 年的 5 倍。①

可见，从 2003 年后，我国财政对"三农"的支出持续增加，力度空前，反映出国家缩小城乡差距、增加农民收入、改善农业生产条件、改变农村面貌的决心以及政策导向由"农业反哺工业"向"工业反哺农业"的转变。

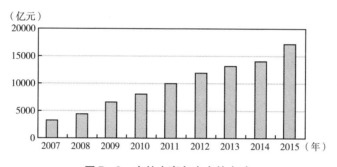

图 7-3　农林水事务支出的变动

7.2.3　有利于缩小区域差异的转移支付大幅增加

我国区域发展差异非常大，通过转移支付均衡地区间资源分配，实现基本公共服务均等化是中央财政的重要手段。2003 年以来中央对地方转移支付的规模不断增加（如图 7-4 所示），仅 2003 ~ 2008 年 5 年间，转移支付的规模就由 4836 亿元增加到 18708.6 亿元，增长 2.87 倍，且转移支付的 90% 以上用于中西部地区。[227]

中央对地方的转移支付分为财力性转移支付和专项转移支付。专项转移支付主要用于教育、医疗、社保、支农等公共服务。财政部发布的《关于 2016 年中央决算的报告》显示，2016 年中央对地方一般性（财力性）转移支付为 31864.93 亿元，专项转移支付 20708.93 亿元，两项合计达到 52573.86 亿元，国家转移支付中对革命老区、边境地区、民族地区、贫困地区的转移支付力度继续加大。专项转移支付中对困难群众基本生活救助补助、公共卫生服务补助等涉及

① 资料来源：《中国统计年鉴（2016）》。

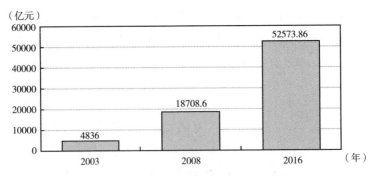

图7-4   主要年份中央财政转移支付支出

基本民生方面的专项资金持续增长，这对缩小贫富差距起到了积极作用。

7.2.4   由经济建设性向公共服务及民生性支出转型

改革开放之初的1978年，我国公共支出中经济建设费为719亿元，占公共支出总额的64%。2015年，经济事务支出中的交通运输及农林水支出仅占公共支出的约35%，而一般公共服务和民生性的政府支出约占65%，占据了公共服务支出的绝大部分。虽然1978年跟2015年统计口径不一致，但仍然可以看出我国公共服务支出变化由经济建设向公共服务及民生性转型的基本趋势。2015年在民生性政府支出方面，国家用于社会保障的支出为19018.69亿元，用于医疗卫生的支出达到11953.18亿元，用于教育的支出为26271.88亿元，用于环境保护的支出4802.89亿元，用于社区事务的支出15886.36亿元，其支出规模之大、比例之高前所未有，如图7-5所示。这说明在公共支出方面，政府对民生性项目更加关注，这既是提高居民生活质量、保障消费预期的需要，也是我国经济转型、健全市场机制的必由之路。

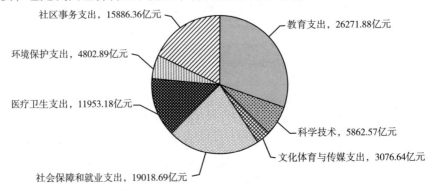

图7-5   2015年主要民生性项目支出

7.3　挤入抑或挤出：公共支出对中国居民消费的总体效应

7.3.1　相关研究回顾

新型城镇化建设必然带来公共支出总量和结构的改变。那么，公共支出对居民消费具有挤入效应还是挤出效应呢？对此，学者们进行了大量研究，得出了差异性的结论。贝利（1971）通过构造一个有效消费函数对公共支出与居民消费之间可能存在的挤出效应和挤入效应进行了开创性研究，认为公共支出对居民消费可能具有挤出效应。[228] 此后，巴罗（Barro，1987）[229]、阿绍尔（Aschauer，1985）[230] 对贝利的研究模型进行了延伸和拓展。以此为理论框架，国外学者进行了大量实证研究，得出了两种不同的观点：一些研究者（如Ahmed（1986）[169]、Ho（2001）[170]、Kwan（2006）[171] 等）认为，公共支出对居民消费具有挤入效应，而另一些研究者（如 Campbell（1990）[231]、Neih（2006）[173]、Mountford & Uhlig（2009））[174] 认为公共支出对居民消费具有挤出效应。我国学者也对此进行了实证研究，得到了类似的结论。认为公共支出对居民消费产生挤入效应的有李光众（2005）[232]、张治觉等（2007）[233]、刘东皇等（2010）[234]、杨智峰等（2013）[235]；认为公共支出对居民消费产生挤出效应的有谢建国等（2002）[236]、楚尔鸣等（2013）[237]、方福前等（2014）[238]。国内外研究者对此得出具有差异性的结论表明：公共支出挤入抑或挤出居民消费可能在不同国家、区域，不同发展阶段及不同的公共支出项目间存在差异。例如，在分项研究中，刘东皇、沈坤荣（2010）发现：虽然公共支出总量对居民消费具有挤入效应，但不同的公共支出项目存在差异，分支出项目看，只有社会文教费对居民消费具有挤入效应。[234] 陈冲（2011）研究发现，投资和民生性支出具有挤入效应，消费性支出具有挤出效应，从公共支出总量上看挤入效应呈先升后降的"倒 U 型"。[239] 刘小川、汪利锬（2014）的研究表明，一般公共服务支出具有挤出效应，而民生性政府支出具有挤入效应，从对公共支出总量的研究看，得出了跟陈冲的研究类似的结论，即存在"倒 U 型"，且拐点是 2005 年。[226] 肖建华（2015）等对城乡差异进行了比较，发现教育支出对农村具有挤入效应，但对城市居民不显著，医疗卫生支出对城乡居民消费的挤入效应存在很小的差异。[240]

以上研究表明，研究公共支出与居民消费的挤入或挤出效应关系，不是一个具有明确定论的理论问题，而是一个需要分国家、区域及不同支出项目的实证问题。在研究过程中，公共支出结构的划分有利于获得更加明晰和准确的信息，是一个需要注意的关键问题。

7.3.2　理论模型分析

通过上述文献梳理发现，从公共支出总量来看，其对居民消费既可能存在挤入效应也可能存在挤出效应。为此，我们有必要通过进一步的理论分析，弄清公共支出挤入或挤出消费的机理，并为下文的实证分析打下基础。在此，我们在参照及拓展霍（Ho，2001）[170]、刘东皇等（2010）[234]、肖建华等（2015）[240]等的理论模型基础上，进一步分析如下。

假设居民消费的效用函数为 U（C_t，G_t），则在消费的最优选择框架下其效用最大化的消费问题可以表示为：

$$\mathrm{Max}E_0\left[\sum_{t=1}^{r}\beta^t u(C_t,G_t)\right]$$
$$\mathrm{s.t.}\ w_t=(1+r)w_{t-1}+Y_t-C_t-G_t \tag{7-1}$$

式（7-1）表明居民在生命周期内的最大效用及约束条件，预期效用取决于其对未来的消费、公共支出、贴现率等，其中：E_0表示期初对未来生命周期的效用预期；t 表示生命周期；β 为贴现因子，是随时间而调整的贴现率；设 r 为已知的固定利率，G_t为 t 期的公共支出，负号表示通过纳税等反向提供公共物品，W_t表示 t 期末的财富存量，Y_t表示 t 期末的收入水平。据此构造拉格朗日函数为：

$$E_0\left\{\sum_{t=1}^{r}\beta^t U(C_t,G_t)+\lambda_t[w_t-(1+r)w_{t-1}-Y_t+C_t+G_t]\right\} \tag{7-2}$$

其中，λ_t表示拉格朗日乘数，在此是一个衡量财富边际效应的量，对式（7-2）求解最大化的一阶条件得到：

$$\partial U_t/\partial C_t=\partial U_t/\partial G_t=-\lambda_t \tag{7-3}$$

对于个人消费，我们这里假设其消费是由两部分组成的，即 C_t、G_t，我们采用非线性消费函数，可将其表示为：

$$C^*=C_t G_t^{\theta} \tag{7-4}$$

假设式（7-4）中的效用函数为常相对风险厌恶系数（CRRA）形式，即：

$$U(C^*) = \frac{C^{*1-\gamma}}{1-\gamma}, \gamma > 0 \text{ 且 } \gamma \neq 1 \qquad (7-5)$$

根据式（7-3）得：

$$\lambda_t = C_t^{1-\gamma} G_t^{\theta(1-\gamma)} \qquad (7-6)$$

根据式（7-6）可得：

$$\lambda_{t+1} = C_{t+1}^{-\gamma} G_{t+1}^{\theta(1-\gamma)} \qquad (7-7)$$

此外，由于：

$$E_0\left[(1+r)\beta\lambda_{t+1}\right] = \lambda_t \qquad (7-8)$$

将式（7-6）、式（7-7）代入式（7-8）得：

$$(1+r)\beta C_{t+1}^{-\gamma} G_{t+1}^{\theta(1-\gamma)} = C_t^{-\gamma} G_t^{\theta(1-\gamma)} \qquad (7-9)$$

对式（7-9）两边取对数后整理可得：

$$\ln C_{t+1} - \ln C_t = \frac{1}{\gamma}\ln(1+r)\beta + \frac{\theta(1-\gamma)}{\gamma}(\ln G_{t+1} - \ln G_t) \qquad (7-10)$$

即：

$$\Delta\ln C = \frac{\theta(1-\gamma)}{\gamma}\Delta\ln G + \frac{1}{\lambda}\ln(1+r)\beta \qquad (7-11)$$

由式（7-11）可以看出，公共支出 G 对居民消费 C 的影响取决于系数 $\frac{\theta(1-\gamma)}{\gamma}$ 的大小，若系数 $\frac{\theta(1-\gamma)}{\gamma} < 0$，则表明公共支出对居民消费具有挤出效应；若系数 $\frac{\theta(1-\gamma)}{\gamma} > 0$，则表明公共支出对消费具有挤入效应。由于 $\gamma > 0$ 且 $\gamma \neq 1$，系数 $\frac{\theta(1-\gamma)}{\gamma}$ 值可能大于 0，也可能小于 0。因此，从理论上看，公共支出对居民消费有可能表现为挤出效应，也有可能表现为挤入效应。

7.3.3　实证检验

（1）模型构建。根据理论分析结果，得到式（7-11）的分析模型。此外，在影响居民消费的因素中，人均可支配收入是一个核心变量。因此，根据霍（Ho，2001）[170]的建议，参照谢建国（2002）[241]等的做法，在式（7-11）中加入居民可支配收入变量。这样，可构建以下实证模型（模型a）：

$$\ln C_t = \alpha + \beta \ln G_t + \gamma \ln Y_d + \varepsilon_t \qquad (7-12)$$

前面的文献梳理告诉我们，细化支出项目对该问题的研究会有有益的帮助。因此，我们在此根据 IMF 在 GFS 中的分类，将公共支出分为：一般公共服务、经济事务和民生性政府支出三类进行细化研究，据此将模型 a 扩展后得到以下模型（模型 b）：

$$\ln C_t = \alpha_0 + \alpha_1 \ln PG_t + \alpha_2 \ln EG_t + \alpha_3 \ln LG_t + \alpha_4 \ln Y_d + \varepsilon_t \qquad (7-13)$$

在模型 a、模型 b 中，C 表示居民消费，G 表示公共支出（总量），PG 表示一般公共服务支出，EG 表示经济事务支出，LG 表示民生性政府支出。

（2）数据来源。原始数据均来源于历年《中国统计年鉴》，对于公共支出总量与消费关系的回归（即模型 a），选择 2000～2015 年我国 30 个省（区、市）（不含西藏及港澳台地区）面板数据，由于公共支出项目统计口径在 2007 年国家实行分类收支改革中发生改变，2007 年前后统计口径存在较大差异，并很难进行技术性划分，在公共支出分项的回归统计中（即模型 b），我们仅选用 2007～2015 年的分省面板数据。此外，一般公共服务支出数据在统计年鉴中可以获得，我们直接运用这一数据；经济事务支出根据 IMF 的分类及含义用农林水事务支出与交通运输支出之和表示；民生性政府支出 IMF 的分类及含义用社会保障和就业支出、医疗卫生支出、科学技术支出、文化体育与传媒支出以及环境保护支出之和表示。同时，为了减少通货膨胀因素对实证结果的影响，对消费数据运用居民消费价格指数调整为 2000 年的值，对居民收入和公共支出运用 GDP 指数调整为期初值。

（3）变量平稳性及协整检验。为了防止发生伪回归，首先对变量平稳性进行单位根检验，单位根检验中常用的方法有 ADF 检验、DF 检验、PP 检验等，在此我们选用 ADF 法进行检验，检验结果见表 7-1。

表 7-1　　　　　　　　　变量平稳性 ADF 单位根检验结果

变量名称	ADF 值	P 值	是否平稳	变量名称	ADF 值	P 值	是否平稳
LnC	9.116	1.000	非平稳	$\Delta \ln C$	267.216	0.000	平稳
LnG	29.162	0.999	非平稳	$\Delta \ln G$	107.209	0.000	平稳
$\ln Y_d$	34.961	0.996	非平稳	$\Delta \ln Y$	195.298	0.000	平稳

表 7 - 1 显示，变量 LnC、LnG、LnY_d 的初始变量均为非平稳变量，但经过一阶差分后，差分变量均为平稳变量，满足 I（1）过程，下面再通过协整检验考察变量间的长期均衡关系是否存在，在此运用 Johansen 检验法进行协整检验，检验结果见表 7 - 2。

表 7 - 2　　　　　　　　　　　Johansen 协整检验结果

原假设	迹统计量	迹统计量 P 值	最大特征值统计量	最大特征值 P 值
0 个协整向量	418.9	0.000	310.4	0.000
至多 1 个协整向量	186.0	0.000	161.1	0.000
至多 2 个协整向量	114.9	0.000	114.9	0.000

注：P 为 5% 的显著性水平上的值。

表 7 - 2 的协整检验结果表明，变量间长期稳定的均衡关系是存在的，结合单位根检验结果，可以进一步做回归分析。

（4）实证结果及分析。在平稳性及协整检验基础上，依照式（7 - 12）中的模型 a 对公支出总额与居民消费关系进行实证分析，考虑到我国城乡间严重的"二元结构"及公共服务在城乡分配上存在的差异，我们将在分析全国样本的基础上，细分城镇与农村样本，分别进行回归分析。此外，Hausman 检验结果支持全国、城镇和农村样本均采用随机效应模型，相应回归结果见表 7 - 3。

表 7 - 3　　　　　　　　　公共支出（总量）对居民消费回归结果

变量	全国	城镇	农村
LnG	0.089 (5.887)***	0.004 (2.352)***	0.060 (2.891)***
LnY_d	0.782 (32.965)***	0.893 (37.817)***	0.942 (27.111)***
常数 α	1.141	0.668	- 0.220
F	13138.28	3073.697	1238.886
P（F）	0.000	0.000	0.000
Adjusted R^2	0.982	0.995	0.987

注：括号内为 t 值，*、**、*** 分别表示在 10%、5%、1% 的水平上显著。

由表 7 - 3 可以看出：从全国整体看，2000 ~ 2015 年，公共支出（总量）对我国居民消费存在正向挤入效应，公共支出每增加 1%，居民消费增加约 0.09%，结果显著；分城乡看，公共支出对城乡居民均存在一定的挤入效应，对农村居民消费的挤入效应大于对城镇居民，公共支出每增加 1%，农村居民消费增加 0.06%，城镇居民消费增加 0.004%，表明公共支出对我国农村居民消费的挤入效应比对城镇居民更加明显。此外，不管从全国看还是分城乡看，收入都是影响居民消费的决定性因素，与经典消费理论的认识一致。

根据前文对公共支出研究成果的综述，我们得到一个重要经验，那就是对公共支出项目进行细化研究非常必要，细化研究有利于获得更详尽、更准确的信息。因此，我们在分析公共支出（总量）的基础上，根据式（7-13）所示的模型 b，进一步对公共支出（分项）对居民消费的影响进行实证分析，回归结果见表 7-4。模型（1）为未加入人均可支配收入之前的回归结果，模型（2）为控制人均可支配收入后的回归结果。

表 7-4   公共支出（分项）对居民消费的回归结果

变量	全国		城镇		农村	
模型	模型（1）	模型（2）	模型（1）	模型（2）	模型（1）	模型（2）
LnPG	0.171* (1.813)	0.029 (1.349)	0.078** (2.042)	-0.005 (-0.239)	0.128** (2.003)	0.031 (0.493)
LnEG	-0.241* (-1.659)	-0.029* (-1.731)	0.037 (1.407)	-0.014** (-2.032)	-0.129* (-2.944)	-0.129*** (-3.112)
LnLG	0.230* (1.714)	0.112** (1.941)	0.451*** (11.737)	0.073 (9.686)***	0.865*** (13.550)	0.741*** (11.424)
LnY_d		0.817*** (106.056)		0.846*** (25.821)		0.249*** (6.377)
常数 α	7.952	0.408	5.974	1.977	3.068	2.374
F	174.508	2684.024	214.605	315.970	149.635	170.622
P（F）	0.091	0.000	0.000	0.000	0.000	0.000
Adj. R^2	0.732	0.975	0.962	0.975	0.946	0.954

注：括号内为 t 值，*、**、*** 分别表示在 10%、5%、1% 的水平上显著。

表 7-4 表明，2007~2015 年政府公共支出项目中，一般公共事务支出对居民消费的影响不显著，从统计学意义上看，无法确定是否存在挤入效应或挤出效应；经济事务支出对居民消费存在负向影响，即存在挤出效应，表明政府在经济事务支出上投资越多，居民消费越少，这可能跟国民收入中政府分配增加导致个人分配份额减少有关，且经济事务对消费的挤出效应农村大于城市，政府公共支出每增加 1%，农村居民消费减少约 0.13%，城镇居民消费减少约 0.01%；民生性政府支出对城乡居民消费均存在挤入效应，且对农村居民消费

挤入效应非常明显，政府公共支出增加 1%，农村居民消费增加 0.74%，城镇居民消费增加 0.073%，这可能是跟政府加大"三农"投入有关，跟我们在公共支出特征的介绍中所描述的"对'三农'支持力度空前加大"一致。

（5）主要结论。通过本部分的研究，我们得出以下几点结论：第一，我国政府已经逐渐由经济建设性向民生性政府转型，这有利于居民幸福感、获得感的提升，也有利于经济成果惠及民生；第二，整体来看，公共支出对我国居民消费存在挤入效应，且对农村居民的挤入效应大于对城镇居民，但挤入效应比较微弱；第三，分项来看，经济事务支出对城乡居民消费存在挤出效应，民生性政府支出对居民消费存在挤入效应，一般公共服务支出回归结果不显著。因此，应当继续加大政府在民生性项目中的投入，逐渐减少政府在经济事务支出的投入，这既有利于居民消费增加，提升居民幸福感，也能减少政府干预经济事务对市场机制造成的负面影响。下面，我们进一步分析新型城镇化过程中挤入效应的实现途径，即公共支出如何挤入消费。

7.4　挤入效应的实现途径：保障效应与引致效应

在第 3 章的机理分析中我们认为，新型城镇化过程中为了补足公共物品供给的短板、实现均衡发展，政府必然会加大公共支出力度，公共支出通过保障效应和引致效应驱动居民消费的增加。上面的实证检验结果表明，公共支出（总量）增加确实促进了我国居民消费的增加，可公共支出是不是如我们理论分析的那样，通过保障效应和引致效应的路径驱动了居民消费的增加呢？下面通过实证分析来检验。

7.4.1　研究设计

保障效应指的是政府通过公共支出中的转移支付增加了居民的可支配收入，通过医疗、养老等社会保障降低了未来预期的不确定性，从而提升了居民消费水平。引致效应指的是政府公共资本投资于社会基础设施，从而使得一些无法实现的消费变成可能，对一些消费体验不良的消费也将提升消费者的获得感，从而刺激其增加消费。

（1）保障效应对居民消费的提升。从保障效应看，一方面，政府通过转移支付增加了居民的可支配收入，根据绝对收入假说，可支配收入的增加将导致居民消费的增加；另一方面，社会医疗、养老等保障水平的提升，减少了居民对未来不确定性的预期，根据预防性储蓄理论，不确定预期的减少能够降低居民的储蓄率，进而增加居民的消费水平。社会保障的提升，使人们对未来可支配收入增加持更加乐观的态度，从而降低了收入的不确定性对消费的影响（樊纲等，2004）[92]，在一定程度上替代了居民跨期消费规划所需的储蓄（姜百臣等，2010）[97]。据此，我们提出以下假说（H1）：

新型城镇化要求更加完善的社会保障与之适应，政府在社会保障方面的公共支出增加通过保障效应提升居民消费的增加。

（2）引致效应对居民消费的提升。引致效应指的是随着公共基础设施及条件的改善对居民相关消费产生的促进作用。公共基础设施主要包括非排他性及非竞争性的电力、通信、交通的基础设施投资（张书云等，2011）。[80] 例如，随着交通等基础设施的完善，居民在汽车等交通工具及相关消费品方面消费的增加，通信等基础设施建设的增加引起手机等通信产品消费增加，电力设施的完善将增加电器的消费等。樊纲、王小鲁（2004）也认为："公路、铁路、通信等基础设施发展不足会成为制约经济发展的'瓶颈'，而当通过公共政策得以消除这些'瓶颈'后，会促使居民消费行为发生显著变化。"[92] 他们给出的典型的例子是家用电器的普及率与当地的电力供应条件可能存在密切关系，认为供电设施的改善可能会推动消费者购买家用电器，促进消费需求增加。据此我们提出以下假说（H2）：

新型城镇化建设要求提供更加完备的公共基础服务，需要完善交通、电力、通信等公共基础设施，基础设施的投资将通过引致效应增加居民消费。

7.4.2　模型、变量与数据

（1）模型与变量含义。参照樊纲、王小鲁（2004）[92] 的研究，结合章的理论分析，构建以下消费函数：

$$\text{lncons}_{it} = \alpha_0 + \sum_k \beta_k \text{lnEX}_{ikt} + \gamma \text{lnY}_d + \mu_{it} \qquad (7-14)$$

模型（7-14）反映了保障效应与引致效应对居民消费的影响。此外，公共基础设施对消费产生的引致效应按照前文的界定分为交通、通信、电力三类，根据理论分析，引致效应可能对居民总消费水平产生影响，尤其对特定项目消费的引致会更加明显。如交通通信设施可能会对交通通信消费产生明显的影响，电力设施与家庭设备消费关系更加明显等。所以，与樊纲（2004）等的研究不同，我们将被解释变量根据研究需要对应于相关解释变量，这样可能更能体现对具体消费支出项目的引致效应大小。当然，分项消费支出增加后，居民消费总额也必然增加。具体的变量及其含义见表 7-5。

表 7-5　　　　　　　　　　　　　　变量及其含义

变量	类别		变量名称	变量含义（指标）	单位
被解释变量（lncons）	居民人均消费		Acons	表示城乡居民人均消费	元/人
	居民分项消费		Cons_co	表示居民交通通信消费支出	元/人
			Cons_eq	表示居民家庭设备用品支出	元/人
解释变量（lnEX）	保障效应	直接保障	Exp	财政人均社会保障支出	元/人
		间接保障	ADR	调整离差率[a]	%
	引致效应	交通基础设施	Rot	公路网密度	公里/万平方公里
			Rat	铁路网密度	公里/万平方公里
		通信基础设施	Rtel	电话普及率	部/百人
			Rint	计算机拥有量	台/百户
		电力基础设施	Rele	电力覆盖率[b]	千瓦时/人
	人均可支配收入		Y_d	居民人均可支配收入	元

注：a. 调整离差率用以反映收入的不确定性，离差率越小、不确定性越小，表明收入越稳定，该指标用来代理保障效应大小；b. 电力覆盖率由于缺乏统计数据，参照樊纲、王小鲁（2004）的做法用人均电力消费量作为替代变量；c. 新型城镇化率在第 3 章已经计算出了结果，这里直接运用这一结果。

（2）数据来源与说明。在对模型（7-14）的实证分析中，我们运用《中国统计年鉴》2000~2015 年的分省的面板数据。为了消除通货膨胀因素的影响，根据居民消费价格指数将居民消费数据调整为期初值（2000 年 = 100），根据 GDP 指数将收入数据调整为 2000 年的期初值；衡量收入不确定性常见的方法有代理变量法、离差率法等，王健宇（2010）[242]对现有方法优缺点进行了分析和改进，创立了调整离差率（adjusted deviation rate，ADR）这一指标用来衡量地区收入增长的不确定性。本书在此借鉴该方法，用 ADR 指标衡量收入不确定性以反映保障效应大小，其计算公式为：

$$ADR_n = \frac{I_n}{I_{n-1} \times (1 + k_n\%)} - 1 \qquad (7-15)$$

其中，I_n 表示居民第 n 年的收入，I_{n-1} 表示居民第 n-1 年的收入，$K_n\%$ 表示居民第 n 年所预期的收入增长率，由于无法直接获得这一值，按照王健宇（2010）的做法，我们选择估算步长为 3 年，则 $K_n\%$ 用 n 年之前 3 年的平均收入增长率代替，即：

$$k_n\% = \frac{Y_{n-1}\% + Y_{n-2}\% + Y_{n-3}\%}{3} \qquad (7-16)$$

其中的 Y_{n-1}、Y_{n-2}、Y_{n-3} 分别表示 n 年之前 3 年的收入增长率。显然，ADR 是一个反向指标，指标绝对值越大，表明实际与预期的收入偏差越大，收入越不稳定。此外，基础设施的衡量应该运用存量数据，路网密度、电话普及率、计算机拥有量都是存量指标，可以直接运用；电力覆盖率无法获得存量数据，我们参照樊纲（2004）、张书云（2011）的做法用人均电力消费量这一流量指标作为替代变量。基础设施存量指标是非货币指标，无须进行通货膨胀消除所需的调整；保障效应包含财政转移支付带来的直接效应和增强确定性从而减少储蓄、增加消费两方面，前者用财政用于人均社会保障的转移支出（EXP）表示，后者用调整离差率（ADR）表示。

7.4.3　保障效应与居民消费

以居民人均消费（acons）为被解释变量，运用模型（7-14）的计量模型分析保障效应对居民消费的影响，以此来验证假说 1（H1），其回归结果见表 7-6。

表 7-6　　　　　　　　　　　　　　保障效应回归模型

变量	全国	城镇	农村
LnEXP	0.065 (2.309)**	-0.022 (-1.547)	0.039 (3.580)***
LnADR	-0.003 (-0.979)	0.002 (1.587)	-0.006 (1.573)
LnY_d	0.855 (31.274)***	0.968 (29.690)***	0.967 (48.145)***
常数 α_0	0.592	0.584	-0.229
F	1178.953	3002.190	9243.069
P（F）	0.000	0.000	0.000
Adj. R^2	0.987	0.995	0.983
模型类型	固定效应	随机效应	随机效应

注：括号内为 t 值，*、**、*** 分别表示在 10%、5%、1% 的水平上显著，模型类型根据 Huasman 检验确定。

表 7-6 的回归结果显示，从全国整体看，保障效应中转移支付这种直接保障效应对居民消费水平提升具有正向促进作用，财政转移支付（EXP）每增加 1 个百分点，居民总消费增加 0.065 个百分点；而反映间接保障效应的收入

调整离差率（ADR）从系数看，与居民消费水平反向变化，即居民对未来收入的预期越稳定，消费越多，与我们的假设相同，但回归结果不显著。分城乡来看，城镇居民保障效应中的直接保障效应和间接保障效应均不显著，农村居民的两种效应均显著，财政转移支付支出（EXP）每增加1%，居民消费约增加0.04%，调整离差率不显著。总的来看，2000～2015年，新型城镇化过程中，保障效应促进居民消费主要是通过财政转移支付来实现，而稳定收入预期所发挥的作用不存在统计学上的显著性，无法得出明确的结论，因此，假说1（H1）在这里部分被验证。产生这一结果的可能原因有两方面：一是用调整离差率这一指标代替预期稳定性，虽然较收入增长率的方差等其他代理变量有了改进，但仍然存在预期收入增长率很难确定的问题，我们在此用前三年的平均收入增长率代替预期收入增长率，这一值本身可能跟消费者的心里预期存在差异；二是我国新型城镇化正在建设过程中，是进行时而非完成时，2000～2015年这一时间段新型城镇化稳定预期的保障效应可能还未显现，但这也同时说明，加强社会保障、稳定居民消费预期对提升居民消费非常紧迫。因此，现阶段通过财政转移支付调整居民可支配收入，从而提升全体居民的整体边际消费倾向，是重要手段，当然，稳定收入预期还需要通过各种手段综合推进，它是长期发挥促进消费潜力的重要因素。

7.4.4　引致效应与居民消费

以居民人均消费（acons）为被解释变量，运用式（7-14）分析引致效应对居民消费的影响，以此来验证假说2（H2），其回归结果见表7-7。

表7-7　　　　　　　　　　　　引致效应回归模型

变量	全国	城镇	农村
LnRot	0.119 (7.532)***	-0.031 (-3.977)***	0.038 (2.469)***
LnRat	-0.038 (-1.915)*	0.014 (1.573)	-0.045 (-2.685)***
LnRtel	0.002 (0.174)	-0.031 (-4.682)***	0.006 (0.431)
LnRint	0.035 (1.793)*	0.049 (4.224)***	0.021 (0.972)
LnRele	0.209 (9.725)*	0.003 (0.334)	0.029 (1.790)*

续表

变量	全国	城镇	农村
LnY$_d$	0.621 (29.342)***	0.897 (72.391)***	1.020
常数 α$_0$	0.914	0.827	−0.194
F	1691.873	14034.44	4756.761
P（F）	0.000	0.000	0.000
Adj. R^2	0.991	0.994	0.983
模型类型	固定效应	随机效应	随机效应

注：括号内为 t 值，*、**、*** 分别表示在 10%、5%、1% 的水平上显著，模型类型根据 Huasman 检验确定。

表 7 - 7 的回归结果表明，"三大"基础设施中，从全国来看，除铁路网覆盖率外，其他基础设施存量水平均与居民消费水平正向变动，其中电话覆盖率（Rtel）项不显著。这表明公路、互联网、电力等基础设施建设对居民消费起到了引致效应。就城乡差别来看，对城镇居民消费引致效应最明显的是互联网普及率（Rint），对农村居民引致效应明显的是电力覆盖率（Rele）。但是，这里存在的问题就是某些基础设施的建设反而对消费产生了挤出，如铁路覆盖率（Rat）对全国及农村居民消费产生了挤出效应，公路覆盖率（Rot）和电话普及率（Rtel）对城镇居民消费产生了挤出，这很难去解释。其可能的原因是：我们这里选择的被解释变量为居民消费总量，在消费总额中涵盖了很多的消费项目，而某些基础设施建设只跟具体的、相对应的消费项目联系较大，而以总消费为被解释变量时就掩盖了很多细节性的信息，造成消费支出项目间的增减替代。最好的解决办法就是将消费支出分解成与具体基础设施有关的多项支出，然后解释变量与被解释变量相对应，其引致效应可能更明显。事实是，我们要将消费总支出分解成与基础设施对应的消费项目，在现有统计资料中无法做到，但个别项目可以对应，如电力基础设施可能跟家用设备消费支出密切相关，这也是樊纲、王小鲁（2004）举的一个经典例子，下面我们对其进行验证，结果见表 7 - 8。

表 7 - 8　　　　　　　　电力基础设施对家用设备消费的引致效应

变量	全国	城镇	农村
LnRele	0.351 (6.829)***	0.312 (5.287)***	0.036 (1.796)*
LnY$_d$	0.574 (12.809)***	0.403 (6.958)***	0.964 (38.058)***

续表

变量	全国	城镇	农村
常数 α_0	− 1. 343	0.850	− 4. 633
F	231. 196	73. 469	512. 133
P（F）	0.000	0.000	0.000
Adj. R^2	0.937	0.824	0.971
模型类型	固定效应	固定效应	固定效应

　　正如我们前文所分析的那样，当将具体的基础设施与其相对应的关系最密切的消费支出项关联后，回归结果更加清晰和明确。从表 7 - 8 可以看出，电力基础设施与家用设备消费支出密切相关，且呈正向关系。从全国看，电力覆盖率（Rele）每增加 1%，引致居民消费增加 0. 35%，对城镇居民的引致效应（0. 312）明显大于农村居民（0. 036）。综合以上结果来看，同假说 1（H1）一样，假说 2（H2）也部分得到了验证。

7.4.5　主要结论

　　在分析了公共支出对我国居民消费产生的挤入效应后，我们试图更进一步分析新型城镇化过程中公共支出挤入居民消费的途径。通过理论分析我们认为，公共支出挤入居民消费主要以公共支出增加产生的保障效应和引致效应为路径。根据理论分析结果，构建模型对 2000 ~ 2015 年公共支出产生的保证效应和引致效应进行了实证检验，得出以下两点结论：第一，在保障效应中，短期对消费起到促进作用的主要是财政转移支付支出产生的直接效应，而保障效应通过稳定收入预期提升消费方面，在 2000 ~ 2015 年这一时间段没有发挥明确的作用，但作为长期目标，稳定消费者预期同样是值得重视和关注的；第二，引致效应在各基础设施间存在差异，有些基础设施建设具有引致效应，也有些基础设施建设具有挤出效应，但当我们将基础设施与特定消费支出项目相对应时，相关引致效应变动异常明显，这在某种程度上表明了引致效应的存在，但在实证中需要项目的对应，而且越是微观的数据，其回归结果可能越具有可靠性，因此，根据研究结论，只能说明特定基础设施项目对特定消费存在明显的引致效应。

7.5　本章小结

　　本章从公共支出视角对新型城镇化驱动居民消费问题进行了实证研究。首先，从公共支出的含义入手对公共支出进行了界定，并根据公共支出分类方式对公共支出结构进行了剖析，从而确定了本书按照 GFS 的分类进行研究的基本依据及原因。其次，在对公共支出基本含义归纳的基础上，对我国公共支出的现状与特征进行了一般描述，发现我国公共支出具有规模扩大、支农力度大、由经济建设性政府支出向民生性政府支出转型等基本特征，为认识我国公共支出以及实证研究指明了基本方向。最后，对公共支出与居民消费，新型城镇化过程中公共支出驱动居民消费的路径进行了实证研究。总的来看，通过本章研究得出以下三点结论。

第一，我国政府公共支出总额增大，支出结构在向三农等方向倾斜，体现出了由经济建设性向民生性政府支出转型的思路，这对提升社会公平、提升居民幸福感和获得感具有重要意义。

第二，从公共支出总量看，公共支出对我国居民消费存在挤入效应，而且对农村居民的挤入效应要大于对城镇居民，但整体看挤入效应强度较弱。从公共支出的分项支出看，经济事务支出及民生性政府支出均对居民消费具有挤入效应，一般公共服务支出回归结果不显著。

第三，从新型城镇化过程中公共支出挤入消费的路径看，保障效应与引致效应均部分发挥了作用。在保障效应中，公共支出主要通过财政转移支付驱动居民消费增加。引致效应主要在特定领域基础设施建设与相关消费支出间驱动效应明显，如电力设施建设能够明显推动家庭设备及用品的消费，对城镇居民的效应效果要比对农村居民更加明显。其他领域由于缺乏相互匹配的数据，尚无法得到验证，但根据电力设施的检验基本可以推断特定基础设施建设对特定消费项目引致效应的存在性。

第8章

研究结论、政策建议与研究展望

本章在总结研究结论的基础上，归类整理新型城镇化过程中驱动我国居民消费增长的积极因素和制约我国居民消费增长的消极因素，以此为依托，为消费导向下新型城镇化建设提供思路，为驱动居民消费增长的宏观正式制度改进和居民个体消费理念的非正式制度更新提供建议。

8.1 研究结论

本书着眼于我国新型城镇化加速这一战略背景，以马克思"人本思想"理念为指导，从驱动居民消费（内需型）视角落笔，期待获得我国新型城镇化建设与居民消费提升"一揽子"推进之良策。于是，结合过去 16 年（2000～2015）现实，找到新型城镇化驱动我国居民消费的效应并分析其利弊，以实现"国家经济持续增长、居民生活持续改善"的目标为研究动力和方向，沿着"问题提出—理论梳理—机理分析—现实考察—实证检验—制度改进"这一思路，通过理论和实证相结合的研究，拟解决"新型城镇化如何驱动居民消费增加"这一关键问题。

8.1.1 基本结论

（1）新型城镇化是驱动居民消费数量增长、消费结构升级的格兰杰原因。要研究新型城镇化通过何种途径驱动了居民消费，首先得厘清新型城镇化是否驱动了居民消费。新型城镇化是一个综合性非常强、涵盖面非常广的概念，如何对其刻画及度量是首先要面对的问题。我们通过设置综合指标体系的办法创立了新型城镇化评价指标体系，该指标体系涵盖经济发展、人口发展、社会发展及环境发展"四发展"27个指标，用以对我国各省（区、市）2000~2015年新型城镇化水平进行测度。通过测度发现我国新型城镇化水平在评价期间整体上升，但近年来有一些省份受到了环境、资源等约束，新型城镇化水平上升趋势减缓，这一趋势在北京等老牌城市尤其明显，采取措施推动新型城镇化持续发展刻不容缓。

在对新型城镇化水平评价的基础上，构建数学模型对新型城镇化与居民消费间的因果关系进行了检验，发现新型城镇化是居民消费数量增加的格兰杰原因，而居民消费数量不是新型城镇化水平的格兰杰原因，即新型城镇化水平与居民消费数量之间存在着"单向因果关系"。进一步，我们对新型城镇化与消费结构关系进行了验证，考察新型城镇化是否驱动了居民消费结构升级，发现新型城镇化对城镇和农村居民消费结构升级均起到了促进作用，而且对城镇居民消费升级推动明显强于对农村居民。通过对新型城镇化二次项与居民消费升级关系检验发现，新型城镇化驱动居民消费升级的作用效果近年来更加明显，有不断加快的趋势。

（2）收入视角下收入与财富效应作用显现，但分配效应作用尚需加强。在第3章的机理分析部分依托消费与城镇化经典理论，并借助数理模型进行较为严密的逻辑推理，我们认为，从收入视角看，新型城镇化通过收入效应、财富效应及分配效应提升居民收入、增加居民财富，并通过缩小收入分配差距共同提升居民消费水平。实证分析阶段，基于2000~2015年我国分省数据的事实，构建数学模型对收入效应、财富效应及分配效应是否驱动了居民消费及其作用大小进行了检验，检验结果为：第一，收入增加、财富增长均促进了我国城乡居民消费增加，分配效应下收入差距缩小促进了农村居民消费增长。与经典消费理论一致，收入和财富增加依然是驱动我国居民消费的基础。在努力增加居民收入和财富的同时，要注意一般情况下低收入者的边际消费倾向要大于高收入者，在我国现阶段农村居民边际消费倾向可能要高于城镇居民，且农村居民收入增加更有利于我国城乡收入差距缩小。因此，要千方百计增加农村居民工资性收入，促进农业剩余劳动力转移，加快农村居民市民化以稳定其工资性收入增长势头，是扩大我国居民消费的重要方向和潜力所在。从财富层面看，我国居民财富拥有量小且结构单一，通过财富增长获得资本利得收益能力尚较低。这也决定了我国居民收入来源单一、收入增长后劲不足，掣肘了我国居民消费快速增长；收入差距特别是城乡收入差距扩大严重制约了我国居民消费增加。实证研究表明，缩小收入差距驱动了农村居民消费增加，虽然对全国样本回归结果不显著，但从系数看，收入差距缩小与居民消费存在正向变动关系。因此，仍然需要坚持改善居民收入分配，在通过缩小差距体现社会公平的同时促进居民消费增加。第二，收入效应、财富效应是新型城镇化驱动居民消费的有效途径。通过将收入效应、财富效益、分配效应与新型城镇化交互后发现，新型城镇化通过增加居民收入和财富促进了居民消费，提高了全社会消费水平，但现阶段新型城镇化通过收入、财富效应发挥作用力度仍然较小，通过缩小收入差距促进居民消费作用尚不明确。不过，由于我国新型城镇化尚在建设和发展阶段，促进新型城镇化水平提升还有很大空间，各种效应发挥促进作用存在较大潜力，是可以大有作为的正确道路，充分说明了国家新型城镇化战略部署的前瞻性和科学性。

（3）消费习惯视角下外部习惯向内部习惯传导，但传导速度需实现新跨越。消费习惯理论将居民消费习惯分为内部习惯和外部习惯两类，这为我们分类研究消费习惯提供了理论基础。借助于消费习惯理论，本书提出了外部习惯通过内部习惯起作用，从而影响消费者个体消费行为的理论推断。即新型城镇化驱动居民消费是外部习惯作用下内部习惯改变的结果，外部习惯发挥作用必须借助于内部习惯，外部习惯改变是驱动消费的外因、而内部习惯改变是内因，这是我们对消费习惯理论的推进。习惯因素量化是消费习惯实证研究中最大的障碍，也是我们面临的重要难题。传统的用滞后一期消费刻画习惯效应太过笼统，无法得到我们所假设的示范效应和环境效应等细分信息。对此我们提出了两部门假设下外部习惯效应量化分解的"两步走"办法，较好地解决了这一问题，得出的主要结论为：第一，我国居民总消费显示出很强的内部习惯效应和微弱的外部习惯效应，新型城镇化通过示范效应和环境效应加快了居民消费水平提升，观测年度内示范效应驱动居民消费贡献了外部习惯效应的约2/3，环境效应驱动居民消费贡献了外部习惯效应的约1/3。第二，消费习惯在宏观和微观层面存在差异。通过本书的研究，并与前人研究结论进行对比，发现非耐用消费品不管在微观层面还是在宏观层面内部习惯效应明显；耐用消费品微观层面的个人、家庭消费不具有内部习惯效应，而宏观层面全社会消费存在内部习惯效应。第三，分项研究表明，新型城镇化通过示范效应和环境效应对农村居民食品、衣着、交通通信消费进行了强化，而对居住、家庭设备消费进行了弱化，起到反向挤出效应，这可能是农村居民中农民工群体随着新型城镇化加快而季节性、"候鸟式"迁徙造成的，在城镇季节性生活甚至购置、租用住房减少了他们在农村居住、设备购买支出。由此看来，通过外部习惯表现出来的示范效应和环境效应改变内部消费习惯从而提升消费水平，需要分不同消费品类、不同消费群体有针对性地持续施加影响，需要借助外部习惯向内部习惯施加更大的影响力，这是跨越传统以时间换空间促进消费习惯转变的有效途径，是加快消费习惯改变实现新跨越的针对性措施。

（4）公共支出视角下直接效应明显，但间接效应需持续发力。我们从公共支出含义入手对公共支出进行了界定，从公共支出分类视角对公共支出结构进行了剖析，并确定了采用 IMF 在政府财政统计中的分类方式进行分类研究。在对公共支出基本含义归纳的基础上，对我国公共支出现状与特征进行了一般描述，发现我国公共支出规模持续扩大、支农力度快速增大、正在由经济建设性政府支出向民生性政府支出转型等基本特征。通过对新型城镇化过程中公共支出驱动居民消费的理论和实证研究后，得出以下几点结论：第一，我国政府公共支出总额增大，支出结构在向三农、民生性项目倾斜，体现出由经济建设性政府支出向民生性政府支出转型的思路。从公共支出总量来看，其对我国居民消费存在挤入效应，而且对农村居民挤入效应要大于城镇居民，但挤入效应强度较弱。从公共支出分项支出看，经济事务支出、民生性政府支出均对居民消费具有挤入效应，一般公共服务支出回归结果不显著。第二，从新型城镇化过程中公共支出挤入消费路径看，保障效应与引致效应均部分发挥了作用。在保障效应中，公共支出主要通过财政转移支付这种直接效应驱动居民消费增加，而稳定预期这种间接效应作用尚不明确。从公共支出通过基础设施建设促进消费的引致效应看，特定基础设施建设对相关消费具有引致效应，如对电力基础设施与居民家电用品消费间关系研究表明，电力基础设施投资对居民家庭设备及用品消费具有很强的驱动效应。其他基础设施建设驱动效应由于没有相关基础设施及与之相对应的消费统计数据支撑，还有待进一步检验，但根据电力设施及相关消费关系的研究可以推断的是，基础设施建设对与其紧密相关的消费的确会产生引致效应。

8.1.2　驱动居民消费的积极因素

（1）新型城镇化是驱动我国居民消费的重要着力点。从需求侧来看，努力扩大居民消费而不过度依赖投资和出口，成为近年来国家转换经济动能的重要思路，可如何拉动居民消费是一个需要深入研究的问题。通过新型城镇化建设中克服城镇发展制约、促进产业升级、实现"人的城镇化"（或农民工的市民化）等多项措施共同而综合作用及未来预期，我们似乎找到了驱动我国居民消费的重要着力点——新型城镇化。正因为如此，将新型城镇化与居民消费相结合研究成了本书研究的着眼点。根据第 4 章研究结论，新型城镇化确实驱动了我国居民消费增长，而且呈现出明显的因果关系，新型城镇化是驱动居民消费的格兰杰原因。不仅如此，新型城镇化在促进居民消费结构升级方面也发挥了积极作用。这说明，新型城镇化已经成为驱动我国居民消费的重要着力点，完全可以通过"以建促消"，即通过新型城镇化建设促进居民消费数量增加和消费结构升级，达到驱动居民消费的目的。同时，这也为新型城镇化发展指明了方向：要在"人本思想"指导下，一切以人的幸福和发展为唯一目标，在促进城镇化过程中建设宜居、友好、幸福的新型城镇，而这其中的一个重要方面是消费数量增加及消费结构升级。幸福是个人心理对生活质量高低的反映，"生活质量"也是经济学家们关注的话题，美国经济学家 J. K. 加尔布雷思（Galbraith，1958）认为，生活质量体现了人们生活的舒适、便利程度及精神上获得的愉悦和乐趣。[243] 中国经济实验研究院城市生活质量研究中心（2012）编制的城市生活质量指数（CCLQI）将影响城市生活质量指数的因素概括为生活水平、生活成本、人力资本、社会保障、主观感受等方面的综合体系。[244] 这与我们构建新型城镇化综合指数的指标有异曲同工之处，说明新型城镇化建设过程就是一个居民生活质量的提升过程。在提升生活质量的物质因素中，居民消费是最重要的方面。从保罗·萨缪尔森的幸福方程式"幸福＝效用/欲望"也可以看出：促进消费欲望满足是居民获得幸福感的重要途径。因此，新型城镇化完全可以成为驱动居民幸福的有效着力点，而且新型城镇化建设是一个过程，这个过程的实施过程就是居民消费数量持续增加和消费结构持续升级的过程。

（2）收入效应下收入增长是驱动居民消费的核心。古典消费理论和现代消费理论均认为收入是居民消费的决定因素，收入也因此成为消费函数的核心变量。根据消费理论这一理论观点，本书在实证研究中均将收入作为重要变量进行考察，发现在我国居民消费增长中，收入确实起到了决定性作用，特别是可支配收入中工资性收入增长是驱动我国居民消费增长最重要的收入来源。我国城镇化过程中农业剩余人口进城，农民工工资性收入增加极大提高了农民总收入，这是农村居民消费增长最直接、最重要的驱动力。2000～2015 年，农民收入中工资性收入增长了约 30%，工资性收入占农民纯收入比重增大到了40%，且在连年持续、快速增长过程中。从收入水平看，2000 年全国农村居民人均纯收入 2253 元，城镇人均可支配收入 6280 元。2015 年全国农村人均可支配收入 11422 元，城镇人均可支配收入 31195 元。忽略统计口径问题，农村居民收入增长了 4.06 倍，城镇居民收入增长了 3.97 倍，农村居民收入快速增长有利于我国居民整体消费水平提升。① 随着农业生产力提高和城镇服务业发展，剩余劳动力流转速度越来越快，伴随着农业人口流转，农民工资性收入会继续增长，而农民边际消费倾向往往要高于城镇居民，这更有利于全社会消费

---

① 资料来源：根据相关年份《中国统计年鉴》整理计算而来。

总量增加。

居民收入增长通过收入及财富效应驱动了居民消费。收入是流量、财富是存量，财富积累是收入增长的结果，收入是财富的源泉。居民收入增长扩大居民消费主要是出于以下几个原因：第一，收入水平代表了消费者消费能力，消费能力大小永远都是决定消费水平的根本力量。经济学理论认为人的欲望是无穷的，消费需要作为一种基本的物质获取欲望当然也是无穷的，只要有一定的收入增长支撑消费需求扩张就不会终止。第二，随着收入水平提高，人们消费结构会发生升级。在低收入阶段，消费主要满足基本生活需要，但当收入水平不断提高后，人们会追求更高层次消费，消费升级是推动产业结构转型升级的根本动力。诚然，根据凯恩斯边际消费倾向递减规律，随着收入水平提高人们增加的收入中用于增加消费的那部分所占比例会越来越小，但这只是代表了增长速度问题。整体来看，收入对消费需求总会产生扩大效应，而且递减趋势到来之前会经历递增的过程。[245] 总的来说，居民收入增长是驱动居民消费增长的积极因素中最核心的因素。

（3）示范效应下习惯改变是消费增长的持续动力。在消费增长过程中，不管何种因素均要通过消费者个体消费习惯改变发挥作用。试想，无论一个消费者收入多高、财富多殷实，只要其保持消费习惯不改变，他的消费水平和消费结构就不会发生改变，消费习惯改变是居民消费增长的表现和动力。在消费习惯作用下，高消费群体对低消费群体、城镇居民对农村居民产生示范效应。根据消费心理学理论，这是攀比性消费和炫耀性消费心理作用的结果。在本书实证研究中我们发现，我国城乡居民消费确实存在着一定的惯性，会受到前期消费的影响，这可能与消费习俗、消费心理及特定消费认知能力有关。但在新型城镇化过程中，本书的研究同时证实了示范效应的存在性，城镇居民对农村居民消费确实产生了示范作用。这种示范效应对促进我国居民整体消费水平提升、特别是促进消费水平尚比较低下的农村居民消费提升、启动农村消费市场有着积极作用。经过城镇化后，进入城市的新市民由于生活环境改变，某些产品由自给自足变成了生活必需品，这是环境效应作用的结果。总之，新型城镇化过程是居民消费习惯改变过程，而习惯改变有益于消费需求增加。

消费习惯改变为什么会促进居民消费提升呢？这是由消费刚性和惯性综合作用决定的。"由奢入俭难"体现的是消费的刚性，"由俭入奢易"体现的是消费的惯性。[165] 由于消费刚性存在，当消费水平增加后再减少消费是很难的。新型城镇化过程使进城居民增加、通信及网络的发达也使得居民相互影响加大，在示范效应和环境效应的影响下，由于刚性存在，高消费者不会因为低消费者的影响而减少消费，相反，低消费者会受到高消费者的影响而增加炫耀性消费和攀比性消费，当炫耀性和攀比性消费增加后，低消费者消费水平和消费结构会发生改变，消费一旦改变就很难回到原来的水平，如此循环往复，使全体居民消费水平不断跃升。实践也证明，进城时间越长消费者的消费层级越高，[166]充分说明了示范效应在我国城镇化过程中的存在性。

（4）保障效应下民生性公共支出是消费增长的外在保障。在公共支出视角下研究消费效应发现，政府近年来公共支出中用于"三农"、民生性项目的支出在增大。我国城乡之间存在着严重二元经济结构是理论界的共识，政府对"三农"支出力度加大是改善城乡二元经济结构的一项重要措施。公共支出由经济建设性向民生性转变更有利于对居民消费的挤入，这是保障效应发挥作用的结果。此外，在新型城镇化建设中，要弥补我国城镇化过程中出现的公共产品短缺、基础设施建设无法满足城镇化建设需要等短板，这些问题的解决有利于提升城市容纳能力、提升消费便捷和便利性，对引致居民消费起到积极作用。

预防性储蓄消费理论认为不确定性也是影响居民消费的因素之一。由于居民意识到未来可能会发生收入不确定、资产不确定、家庭应对风险缓冲能力不确定等情况，往往会形成谨慎性消费策略（邸秀军等，2009），[73]特别是对于农户，更存在着由其最近的未来若干年总收入折现值及短期储蓄目标决定的"短视消费行为"（朱信凯等，2001）[246]。事实上，从理性人角度看，居民选择储蓄预防未来不确定性是无可厚非的，而且未来总充满着风险，大多数消费者对未来无法获得一个确定预期。在有社会保障等外部支持下，居民消费行为会趋于"大胆"。于是，公共支出在民生性、特别是社会保障方面支出的扩大，在应对突发事件方面救济力度的加大会减少居民谨慎性，从而有利于全社会消费水平提升。

8.1.3　制约居民消费的消极因素

（1）不平衡的分配制度制约了全社会边际消费倾向增大。无论边际消费倾向递减规律还是本书针对我国 2000～2015 年居民收入差距的实证结果，均说明收入差距缩小有利于整个社会消费水平提升，这是由不同收入群体之间边际消费倾向不同决定的，我们把新型城镇化过程中改善收入分配、缩小收入差距的效应称为分配效应。虽然新型城镇化过程中会注重收入分配公平，但目前我国居民收入差距较大是不争事实。而收入差距大的根源在于分配制度，完善收入分配制度是解决居民收入差距过大而提高整个社会边际消费倾向增大之根本。国家统计局发布的数据显示：2016 年我国居民基尼系数为 0.465，相对于高点 2008 年的 0.492 虽然有所下降，但仍然远远超过了 0.4 的国际公认警戒线，而且从 2003 年以来，一直都在警戒线上运行。党和国家对收入差距过大问题十分重视，党的十九大报告认为"人民日益增长的美好生活需要和不平衡不充分的发展之间的矛盾已成为我国社会的主要矛盾"，而收入差距过大是发展不平衡的最主要的表现之一。

收入分配涉及社会经济的方方面面，既有城乡分配调整又有行业分配调整，既涉及要素间初次分配、又涉及社会再分配。[247] 因此，调整收入分配是一项长期而又艰巨的任务，特别是在社会主义市场经济体制下，既不能破坏市场经济运行基本规则，又要在市场框架内通过引导和制度约束去调整分配，其中的难度之大不难想象。分配差距过大体现在要素、区域、城乡、行业等多个方面。从要素分配来看，初次分配过程中，资本分配比重过大而劳动力分配比重过小。吕冰洋等（2012）把要素分为劳动力、资本和政府三部分测算了我国要素分配比重，测算结果为 1978 年劳动要素分配比重为 50.4%，资本要素分配比重为 31.5%，2008 年资本分配比重为 36.2%，劳动要素分配比重为 47.7%。[70] 近年来随着房价高企和金融业过度膨胀，资本在要素分配中的分配比重必然又增加了，国家近两年特别强调"资金脱虚入实"，从侧面也反映了要素分配矛盾。从区域收入差距看，我国东西部差距非常明显，2015 年收入最高的上海城镇居民人均收入达到 52961 元，同期收入最低的甘肃城镇居民人均收入为 23767 元，农民人均收入仅为 6936 元。从城乡差距来看，根据《中国统计年鉴》数据，1985 年城镇居民收入是农村居民收入的 1.86 倍，到了 2000 年城镇是农村的 2.79 倍，2015 年跟 2000 年相比虽然略有缩小，但仍然达到了 2.73 倍。从行业来看，2015 年城镇就业人员人均工资金融业为 114777 元，而农林牧渔业只有 31947 元，金融业是农林牧渔业的 3.59 倍。① 所以，调整我国收入分配要从要素、城乡、区域、行业等多方面统筹考虑，要从长远和宏观入手，要将短期目标和长期目标结合。

（2）不充分的发展现实制约了消费结构升级。经历了改革开放近 40 年的发展，我国经济快速增长，生产力得到极大释放，但发展不充分的现实仍然存在。根据《中国统计年鉴》资料，1978 年我国名义 GDP 为 3678.7 亿元，2015 年我国名义 GDP 为 686449.6 元，是 1978 年的 187 倍，成功迈入了世界第二大经济体的行列，这无不代表着我国改革开放后取得的巨大成绩和生产力快速发展的实际。但是，我国是一个人口大国，2015 年的人均 GDP 只有 50251 元，与第一大经济体的美国相比有非常大的差距，美国 2015 年人均 GDP 达到了

---

① 资料来源：本部分数据系作者根据相关年份《中国统计年鉴》整理而来。

55904 美元，大约为我国的 7 倍。考虑到人口基数，我国发展不充分的现实体现得非常明显，尤其是在一些高科技领域，我们与发达国家还有巨大差距。因此，我们需要抓住机遇、不断追赶和超越，树立跨越"中等收入陷阱"的强烈使命感。

从消费层面看，经历了改革开放近 40 年的发展，我国居民生活条件已经发生了根本性变化，从解决温饱到实现小康再到"日益增长的美好生活需要"，消费结构从生存型向发展型、进而向享受型转变，[248] 既体现了社会发展基本规律，也折射出我国居民消费需求升级的迫切需要。轰动全国的中国游客在日本"抢马桶盖事件"、国内偌大的工业体系"造不出圆珠笔钢珠"等事件成为全国人民关注的问题，这说明了我国生产力发展目前尚无法完全满足居民消费升级需要，这反过来也制约了我国居民消费层次提升。从供给方面来讲，发展不充分制约了我国产业结构升级。一方面是高端需求无法满足，另一方面又是低端产能严重过剩，造成国家不得不推动"供给侧结构性改革"，无不体现着发展不充分的实际。应当将供给和需求对接，努力提升生产水平，不断向高端产业转型，以满足人民对美好生活的向往，同时使我国顺利迈过"中等收入陷阱"，将我国经济社会发展事业推向新的高度。

（3）不完善的社会保障增大了未来消费预期的不确定性。本书研究表明，在新型城镇化过程中，我国社会保障尚未能在稳定居民消费预期方面发挥确切作用。保障制度和保障水平提高，能降低未来预期不确定性，而预期不确定性是影响居民现期消费的重要因素之一，这说明了我国社会保障制度亟待完善。社会保障涵盖养老、医疗、失业等多个方面，我国社会保障存在的主要问题是保障制度不完善、保障水平低。现阶段对我国居民而言，可能影响较大、关注度最高的是养老和医疗保障，养老保障能确保居民退休后获得稳定收入来源，医疗保障能降低居民风险预期，避免"因病返贫"等现象出现，从而降低居民风险储备。社会保障对居民消费的影响也得到了国外研究者的证实，费尔德斯坦（Feldstein，1974）对美国的研究表明，无社会保障与有社会保障相比，居民储蓄将增加 50% ~ 100%[249]。方匡南（2013）基于 CGSS 调查的微观数据表明：中国有社会保障的家庭人均消费要高于无社会保障的家庭人均消费[250]。

可见，社会保障不健全会引致居民储蓄增加，从而减少消费，其最根本原因在于居民对未来预期的不确定性。陈冲（2013）的研究证实了收入不确定性中不确定程度、方向以及心理状态三方面均对农村居民消费行为具有显著影响。[251] 国务院发展研究中心课题组 2015 年开展的民生调查显示，在全国 31 个省（区、市）的 51017 个受访居民中，对自身医疗保障非常担心的占 20.2%，比较担心的占 22.1%，二者合计达到了 42.3%，显示了居民对自身医疗保障呈现出较高的担心程度；对养老保障而言，60 岁以下且未退休者对养老经济来源表示有些担心和很担心的占 59.6%，60 岁以上已退休者表示有些担心和很担心的占 53.1%。[252]这些数据表明了居民对未来收入和支出不确定性的忧虑，这样的忧虑当然会通过增加储蓄或减少消费来对冲。

（4）失衡的城镇发展结构阻碍了人口城镇化进程及消费增长。新型城镇化是我国居民消费增长的格兰杰原因，新型城镇化发展越快，越有利于居民消费水平提高和消费结构升级，这是本书研究结论之一。我国新型城镇化战略提出背景是我国传统城镇化过程中出现了一系列问题，这些问题包括土地的城镇化快于人口的城镇化、农民工的伪城镇化或半城镇化、城市管理水平不高、公用设施供给不足、环境破坏、户籍限制、高房价等，这些问题归根结底是失衡的城镇发展结构造成的，失衡的结果是阻碍了人口城镇化进程，其中表现最突出的是出现了"候鸟式迁徙"的农民工群体。国务院研究中心课题组认为，我国失衡的城镇结构主要表现为三个方面：一是具有辐射带动作用和资源聚集作用的大城市、城市群数量偏少，这阻碍了城市间分工、资源互补配置及聚集作用发挥；二是城镇内部严重的二元结构、缺乏包容性，农业转移人口多在一些低收入、低技术含量部门就业，且无法享受与城镇居民同等的公共服务和社会保障；三是城镇环境与承载力问题严重，影响了城镇可持续发展。[253]在这三个问题中，最突出反映人口城镇化质量的现象就是庞大而缺乏稳定的农民工群体得不到应有保障。农民工群体"脚踩两只船"，一只脚迈进了城市大门，成为城镇产业工人，城市成了他们就业、取得收入的地方；另一只脚却留在农村，农村成了他们心灵慰藉的港湾和家庭社会关系维系之牵绊。这种不完全、不均衡的城镇发展结构，不但带来了严重社会问题，而且影响了全社会消费需求的增长。农民工群体从事城镇产业工人的工作，但一定程度上延续了传统农村消费、生活模式，在城市冲击与农村牵绊双重压力下踟蹰前行。

国家统计局发布的《2016 年农民工监测调查报告》显示，2016 年我国农民工总量达到 2.8 亿人，比 2015 年增加 424 万人。这是一个非常庞大的群体，在人口老龄化日益严重的背景下，农民工能否顺利融入城镇，既涉及城镇产业工人补充，尤其是建筑、服务行业对工人需求能否得到满足，也涉及广大农民工切身利益，更是我国"半城镇化"能否实现完全城镇化、由土地城镇化实现人口城镇化的重要体现，是我国新型城镇化战略成败的关键因素。若农民工顺利转为新市民，将增加新的消费需求，更有助于我国消费社会的建立，对拉动产业升级、实现产业发展提质增效产生新动能。

（5）传统消费习惯制约了新型消费文化培育。前面的实证研究发现，虽然新型城镇化对促进我国居民消费习惯改变具有一定的推动作用，但我国居民消费受传统消费习惯影响仍然较大，这对培育新型消费文化形成了一定的阻碍。消费习惯是长期形成的，受到生活习俗、消费者心理、生活传统、家庭消费思维等多种因素的综合影响，虽然新型城镇化过程使我国居民消费习惯正发生改变，但消费习惯的改变不可能一蹴而就。叶德珠（2008）对东亚社会普遍存在的"崇俭黜奢"进行了行为经济学分析，认为"过度自我控制"的认知偏差是东亚国家高储蓄、低消费的内因。[254] 对于我国民众而言，除了"过度自我控制"的文化基础外，儒家思想、国家在物质短缺年代倡导的"勤俭节约"思想，以及由于我国经济发展起步较晚，经历过饥荒和商品短期时代的历史记忆会均会通过一定的形式进行代际传播，以上各种因素综合影响了我国居民消费习惯的打破。

欧美发达国家居民消费率比较高，这可能跟欧美大多数国家消费主义盛行有关。民众崇尚超前消费、高消费的文化形态，可能更有利于建立消费社会。当然，欧美国家大多是发达国家，其完善的社会保障和福利制度也是我们无法比拟的。这需要结合我国实际，既鼓励合理消费，也反对压抑个体需求的过度节俭，以消费提升促进个人幸福，以扩大内需拉动经济增长，从而形成良性经济内循环体系。

8.2　政策建议

要不断提升居民消费水平，特别是通过新型城镇化建设驱动居民消费提升是一个系统工程，需要宏观层面（国家）制度构建与政策引导及微观层面（居民）的理念转变共同发力。为此我们提出以下建议。

8.2.1　构建有利于破解城乡"二元结构"的户籍与土地流转制度

（1）户籍与土地流转制度重构是形势所迫、现实所需。发端于"小农经济"基础上的中国经济，先天性的最大特点是农业人口比重较高，再加上我国庞大的人口基数，需要转移到城镇就业的人口数量之巨世所罕见。《2016年农民工监测调查报告》显示，2016年我国农民工总量达到2.8亿人，而且随着农业生产力发展，还有相当一部分农民需要转移到城镇就业。在城镇化过程中，能否顺利将农业剩余人口转移到城镇是我国社会由农业社会向工业社会转型的一个关键问题，也是牵涉我国新型城镇化战略能否顺利推进、消费型社会能否建立的根本问题。现实情况是，由于农民工群体数量庞大，解决劳动力流转问题还不尽人意。李实（2007）称其为"中国社会经济发展过程中一道灰色的风景线"，农村劳动力流动中充满着太多的无奈、沮丧、压抑、歧视、痛苦的选择。[255]这是一个不得不承认的社会现实，农民工一方面为城镇建设做出了巨大贡献，另一方面却承受着很多不公的待遇，无法完全享受城镇居民所享有的福祉。这一状况必须引起足够的重视，并从制度的破解上着力。

（2）户籍与土地流转是制约新型城镇化进程与居民消费提升的主要障碍。目前制约我国农业人口流动及破解城乡"二元结构"最主要的困难是户籍制度和土地流转制度。周文等（2017）建立了一个包含土地流转和户籍制度的城市化内生模型，研究表明：允许土地流转和户籍制度松绑有利于农村人口迁移及其福利改善，有利于城市化率提高，对城市居民福利造成的损失影响很小。[256]可见，户籍与土地流转制度改革既是影响我国城镇化进程的主要因素，更是目前制约农村人口消费倾向进而影响消费提升的重要障碍。首先，从户籍制度看，我国城乡分割的户籍制度是形成城乡"二元结构"的根源。国家统计局发布的数据显示，2016年我国常住人口城镇化率57%，户籍人口城镇化率达到41%，二者相差16个百分点。①其次，从土地流转制度看，土地的流转和重新配置既关系到农民切身利益，也关系到土地资源的有效开发利用，是解决近年来伴随农民进城带来的土地撂荒等问题的根本。在我国现行体制下，如何将土地使用权最大限度盘活是解决农民被土地牵绊而半城镇化的另一项根本措施。目前农村土地流转最主要的障碍就是使用权转让方式、劳动力转移不完全（谢冬水，2012）[257]、不健全的流转市场（宁爱凤，2010）[258]及不成熟的流转组织模式等问题。

（3）户籍与土地流转制度改进的方向。结合本书的研究结论及我国现实，我国户籍与土地流转制度改革应该重点抓好以下三个方面。一是以改变"城乡二元结构"为目标，去除城乡身份标签。我国划分农业与非农业的户籍制度是1958年形成的，标志是1958年《中华人民共和国户口登记条例》的颁布，这一条例从颁布至今已经经历了60多年时光。近年来虽然各地加大了户籍改革力度，尤其是2014年《国务院关于进一步推进户籍制度改革的意见》促进了户籍制度改革，但距离真正破解城乡二元结构所需的户籍制度还有很长路要走。在中国，户籍制度不光是一个身份登记的问题，在其上还捆绑了很多的政治、就业、教育、社会保障等权利（邵光学，2015）。[259]要尽快形成打破城乡身份限制，建立统一而完善的户口登记制度，并完善与户籍相关的社会福

---

① 资料来源：国家统计局发布的《2016年国民经济和社会发展统计公报》。

利配置、公共基础设施共享、教育与医疗保障等城乡一体化的相关制度，这既是社会公平的要求，也是破解城乡二元结构、消除半城镇化问题，进而促进居民消费的必然选择。二是通过顶层设计完善土地"三权分置"制度，通过政策引导加快土地"有序流转"。要通过立法等具有约束力的制度明确土地所有权、承包权、经营权的"三权分置"，以增加现有制度的约束力、有效性、长远性，解决不确定性问题，这是土地流转的前提。在此基础上，应当通过适度的政策引导，逐步完善土地流转运作模式，并将转包、租赁、转让、入股等多种方式模式进行优化，探索形成以农户、村委会、农业经营公司及信托公司为架构的信托流转主体（罗颖等，2017）[260]模式，而彰显农地资本功能（熊金武，2015）[261]可能是农地流转制度建设的关键问题。三是通过土地资本功能彰显、"二元结构"问题解决的配套政策促进居民消费提升。土地流转权的确立，有利于土地的充分有效利用，也有利于土地资本化。可通过探索土地抵押贷款等破解农民消费提升中的流动性约束，通过土地资本化提升农民财产性收入从而驱动消费提升。通过"二元结构"的破解及半城镇化等问题的解决提升农村居民倾向，进而提升全社会的平均消费倾向。

8.2.2　构建有利于收入提升、分配公平的收入分配制度

（1）我国收入分配领域存在的主要问题。在国家宏观经济持续增长，就业形势稳定向好的前提下，居民收入主要取决于收入分配政策与制度调整。当下，我国收入分配领域的主要问题是收入差距过大、要素分配比例不合理。通过收入分配制度的调整增加居民收入、缩小收入差距是提升我国居民消费水平的主要途径。马克思在资本论第一卷（1867）和第三卷（1894）中认为，在资本主义分配制度下与资本主义制度与生俱来的社会消费能力不足，是导致资本主义经济危机的根本原因。凯恩斯在《就业、利息与货币通论》（2005）中认为，在富裕国家往往会发生总需求不足，并称其为"富饶中的贫困"，这是由于富裕国家边际消费倾向低而储蓄倾向高造成的。[262]发展经济学家刘易斯（1954）从劳动力供求关系出发，提出了"二元经济模型"[8]分析了工业化过程中工资的变化规律，王小鲁（2013）对其进行推论后，用以分析劳动与资本分配问题，"当存在农业剩余劳动力的情况下，劳动报酬增长可能会停滞而资本收益会增加，只有当剩余劳动力吸收完毕后，工资才可能继续开始增长"[263]。而从发达国家实践看，收入差距的变动特征则各有特点。因此，库茨涅茨（Simon Kuznets，1955）提出的收入差距和经济发展倒 U 型的"库茨涅茨曲线"[264]也得到怀疑和挑战。这也正说明了收入差距形成原因的复杂性

及在不同国家分配制度导向下的不同变动特征。

（2）我国收入差距的特征及根源。重建我国居民收入分配制度就必须要明确收入差距的特征及根源。我国收入差距的主要特点体现为城乡差距、地区差距、行业与阶层差距共存，而长期特征表现为劳动报酬分配比重过低。要改变我国收入差距过大现状，在分配制度方面，首先需要考虑分配的主导模式是计划还是市场、是公平还是效率、是国富还是民富，其实质是解决居民、政府及企业之间的分配问题。在分配制度的重建和改革中，王小鲁（2013）认为，应该做出战略性的思考和安排，并提出着力点是分配制度改革，主要包括改革行政管理和财税体制、改革生产要素分配制度，当然，不能过分行政干预，应主要通过健全市场机制来实现。[263]总体看来，造成我国居民收入差距过大原因，一部分是市场因素造成的，一部分是行政手段造成的。市场因素方面，例如劳动和资本分配中，由于我国劳动力数量庞大，改革开放以来长期存在着资本不足而劳动过剩的局面，这造成了劳动与资本分配中偏重资本；非市场因素方面，比如我国一些垄断行业，靠自身掌握的大量国有资源获得了更多的利益分配，这是制度因素造成的。

（3）"四管齐下"健全收入分配制度。鉴于本书的研究结论及以上分析，我们认为健全收入分配制度应"四管齐下"：第一，通过完善财税制度，对不同行业、企业及企业与居民间的分配进行调整；第二，逐步减少甚至破除行业垄断，特别是对占有国有资源形成的垄断行业，通过建立完善的监管和受益分享制度进行收益再分配；第三，健全市场调整的分配机制，使市场机制灵活反映资源贡献，并对处于弱势地位的劳动分配通过协会、工会等非政府组织抱团取暖，获得更多话语权；第四，通过政府再分配保障弱势群体利益，秉持"国富与民富"共进理念。根据本书的研究结论，如果能合理调整收入分配差距，特别是提高低收入者收入水平，对促进我国居民整体消费提升将是非常有利的。

8.2.3　构建有利于消费习惯良性改善的消费文化制度

（1）中国消费制度的历史印记。中国的消费政策具有明显的时代印记。房爱卿等（2006）对中国消费政策发展的历史脉络进行了梳理，认为中国的消费政策（制度）经历了四个不同阶段，即抑制消费政策阶段（1949～1978）、补偿消费政策阶段（1979～1988）、适度消费政策阶段（1989～1997）和鼓励消费政策阶段（1998～2004）。[265]王宁（2009）进一步认为"适度消费政策阶段"是一个过渡阶段，[266]如果忽略这个过渡阶段的话，改革开放以来的消费政策可以看成补偿消费政策和鼓励消费政策两阶段。而事实上，从 2008 年金融危机后，我国把提振内需放到了更加重要的位置，不但鼓励消费而且将消费看成了事关经济持续发展的最大动力与潜力所在。近年来推行"供给侧结构性改革"看似是一个供给问题，实质上更是一个消费问题，是供需失衡调整问题。我们在短缺经济年代提倡的"艰苦奋斗、省吃俭用"在一定历史时期可能有利于国家经济建设大局，但长久来看，是不符合经济发展规律的，也不是人民群众所期盼的。邓小平同志讲："社会主义要体现出它的优越性，哪像现在这样，搞了二十多年还那么贫穷，那要社会主义干什么？"[267]。这说明，鼓励节俭不是目的，是特定历史条件下的一种制度安排。

（2）从消费习惯良性改善着手建立新消费文化制度。中国经济发展到今天，由生产力发展带来的资本积累、居民收入、物质丰裕度均已发生了实质改变，亟须国家根据经济和社会发展需要、根据民众对提高生活质量的需要建立新消费制度与政策，实现"从苦行者社会到消费者社会"转型。[274]要通过制度设计与政策倡导鼓励居民向消费型社会转变，形成健康、积极、追求消费品质的新消费文化制度。中国社会的特殊经历对消费者，特别是老年一代消费者的消费是建立在改革开放前贫困生活的集体体验上，并因此而被赋予积极的含义（Davis，2005）[268]。消费者消费习惯本身就具有传导性，再加上老一代的特殊经历，老一代对年轻一代的言传身教，这种影响均会不同程度反映在我国居民"重储蓄、轻消费"的消费文化上。在现阶段，无论是从提升居民个体生活质量还是通过消费需求拉动经济增长层面，国家制度方面都应当有明确的政策导向，即消费能力允许条件下消费最大化，而不是对消费的过度抑制。应当通过制度和政策导向，宣传、鼓励并倡导建设这样一种健康向上、消费习惯良性改善的消费文化制度。

8.2.4　构建有利于稳定预期与引致消费的公共支出制度

（1）建立以消费提升为指引的公共支出制度。公共支出中用于民生性的转移支出和社会保障支出通过稳定消费预期、增加可支配收入而驱动居民消费增加，即发挥保障效应；基础设施建设支出能够通过引致作用扩大居民消费需求，即发挥引致效应。这是本书的理论推断，在实证中也部分得以证明。青连斌（2013）认为，政府提供公共服务或公共品支出，是对社会财富的三次分配。[269]从这个角度看，公共支出制度建立也是分配制度的一种延伸。而从公共支出资金来源看，公共支出资金来源于财政收入，公共支出制度又可以看成财政政策的延伸。无论从哪个层面看，公共支出都是政府履行基本公共服务职能而提供公共物品的需要，公共物品非排他性和非竞争性的特点造成公共物品供给会出现"市场失灵"，只能依靠政府通过"非市场手段"提供。

（2）以社会保障与公共支出结构调整为重点的公共支出制度改革导向。在我国公共支出制度建设方面应主要加强社会保障制度建设及与公共支出结构调整相关的财政政策。虽然近年来公共支出中国家对民生性支出力度逐年加大，但我们仍然不能忽视地方政府在公共支出中的"投资冲动"，这是不合理政绩考核下"唯 GDP 论"的结果。应当通过体制改革，对中央与地方财权与事权进行合理配置，创新地方政府业绩考核机制，将民生与公共服务建设纳入考核绩效中，促进地方政府公共支出结构调整、促进政府公共服务向民生性政府支出转型。

从社会保障制度看，我国近年来已初步建立起了覆盖城乡的养老、医疗、住房、社会救助等保障体系，但保障水平和层次非常低，尚不能完全满足居民生活水平提高和生活质量提升的要求，更不能达到稳定消费预期的目的。据《中国社会保障发展报告（2016）》，截至 2015 年企业离退休人员养老金连续 11 年增长，月均达到 2200 元，但收入额只有公职人员的一半，而城乡居民基本养老金更低，平均每月不足 200 元，大部分地区不足 150 元。通过市场机制完善、非市场化手段配合，在进一步扩大覆盖面情况下提升保障水平刻不容缓。要加大全国统筹力度，促进劳动力流转，提升有效保障层次，以此改善居民重储蓄、轻消费倾向，从根本上保障消费动力；在公共支出结构调整方面，一是要加强公共文化建设，避免"离乡进城"后文化断代及其造成的自我迷失，让新市民和老市民一样找到城镇的归属感，从而激发他们爱护新家园及干事创业的精气神。二是加强城镇公共基础设施建设，包括城镇道路交通、供水、环境保护等。随着城镇面积和城镇人口的迅速膨胀，城镇公共基础设施面临的压力前所未有，公共服务能否满足城镇化的需要考验着管理者的智慧，也关系到新型城镇化建设的成败，更是居民消费提升的基本保障。

8.2.5　完善以消费需求多样性满足驱动创新的制度

（1）供给和需求有效对接是经济良性循环所需。城镇是产业集聚的结果，反过来，城镇要实现可持续发展必须有一定的产业支撑。更为重要的是，产业总是在升级换代中前行，没有也不可能有一成不变的产业结构及产业形态。按照凯恩斯的理论，作为供给侧的产业是为需求而生，需求才是产业存在的根本理由。供给在某种程度上可以引导需求，但永远无法主导需求。2008 年以来的金融危机使全球经济增长黯然失色，但中国经济表现出了超乎预料的"韧性"，这在很大程度上可能跟中国依托互联网基础上出现的新经济业态有关，如网络经济、共享经济。由于中国有庞大的消费者群体，共享经济在中国能够比较容易地实现，更能发挥规模经济效应。我国新型城镇化过程离不开持续创新的城镇产业支撑体系，这是城镇存在和发展的根本。而要形成充满活力、持续创新的产业体系，最根本的动力是我国大量人口创造的消费需求。

（2）以消费需求多样性的满足驱动创新的制度建设。要通过政策的引导和鼓励，以满足消费需求多样性为目的推动城镇的创新、创造，将新型城镇化建设与居民消费有机统一。人的欲望是无穷的，对消费品的种类、层次的追求也是永无止境的，对于需求的不断满足是一个城市创新、产业升级的不竭动力。要将新型城镇建设成创新型城市，既是对需求的满足，也是未来城镇发展基本路向。美国经济学家熊彼特认为，创新是企业家对生产要素"实施了新组合"，是通过优化生产要素配置从而将其纳入新生产体系并获取利润的过程。[270]现代创新型城市建设是随着历史和经济社会发展，城市经济发展的必然。一般认为城市经济发展经历了三个阶段：第一阶段是农业经济阶段，主要以利用和开发土地、矿产等自然资源为主；第二阶段工业经济阶段，是利用廉价劳动力、资金、技术、原材料等为主组织生产；第三阶段为后工业化阶段，以新技术、新知识、信息和高级人才为重要驱动力，发展新技术产业、服务业等为主。[271]可见，现阶段的城市发展已经进入了新技术、新知识及信息基础上的创新型城市发展阶段，我国建设创新型城市的最大优势是有庞大的消费需求拉动，特别是青年一代相比于父辈们有更强的求新、求奇心理，更适合于新经济培育，更有利于新消费动能的形成。政府应在市场主导的前提下，通过合理的激励制度、人才流动制度、企业专利保护制度等制度和政策的完善，推动城镇的创新、创造，满足多样化的消费需求。

8.2.6　帮助居民形成以"合理适度"替代"压抑节约"的消费理念

（1）帮助消费者树立新时代的正确消费理念。新时代的消费者应当用"合理适度"消费理念代替传统"压抑节约"消费理念。合理适度包含两层意思：一是指居民消费的商品在自己经济能力允许范围内，不易过度透支；二是指商品消费能够满足消费者某种正常需求，而非浪费、甚至形成掠夺式的不可持续消费。"压抑节约"是改革开放前在我国经济基础非常薄弱，又需要顾全大局搞建设背景下形成的一种"勤俭节约"消费理念，更是传统文化影响下的必然结果。这种消费理念是对人的需求和欲望满足的压抑，对经历过那个年代的消费者影响尤其深重。要树立正确消费理念，就需要鼓励那些过度节俭、热衷储蓄的消费群体通过合理消费提升生活质量，减少由于"压抑节约"而带来的生活品质下降。对于过度超前消费群体，也应当教育和鼓励他们树立"适度合理"消费理念，一切消费应当在个人收入可持续支撑范围内，避免"消费主义"过度蔓延及奢侈消费的"负值效应"。[272]如果整个社会消费群体能够树立正确消费理念，既有利于我们建立消费型社会，也有利于供给与需求对接，更有利于社会财富良性循环。

（2）弥合不同消费群体消费理念的冲撞。目前在我国居民消费中，形成了消费理念差异较大的两个群体。一是非常节俭、热衷储蓄的群体。这个群体一般是经历过艰苦年代的年龄较长的消费者，以及受家庭节俭理念影响较重的年轻一代消费者。二是崇尚超前消费，通过极度透支未来满足现在需求的群体。这个群体一般出生在新时代，而且一出生家庭物质较充裕，没有物质短缺经历，受西方消费思想影响较重。在这两个群体之间，前者具有较深的厉行节约消费理念，非常热衷于储蓄，而后者大多具有一定的超前消费思想，甚至于不惜以超自身能力的借贷、对未来极度透支来满足现时消费需要。在家庭中，这两个群体之间经常会有思想与行为上的碰撞、甚至摩擦和冲突，也彼此会对对方行为产生一定影响。当老一代"勤俭节约"消费理念与年轻一代"超期消费"两种不同消费理念产生冲撞后，就会形成传统消费文化的迷失。[272]在现代社会，我们要通过树立合理正确的消费理念，弥合这两个群体之间理念的差异，使正确消费理念成为一种社会价值观，跟我们改革开放前倡导的"勤俭节约"理念一样被社会群体所接受。

8.2.7　鼓励居民树立积极向上的财富创造理念

（1）积极向上的财富创造理念是消费能力提升的基础性因素。收入及其收入积累形成的财富是居民消费的决定性因素，这是经典理论及本书针对我国居民消费的基础上得出的基本理论。当全社会形成了"合理适度"消费理念后，消费者将愿意花费更多财富满足自己的合理消费需求，而要满足无穷消费欲望又需要更多财富的支撑，凯恩斯称需要且有能力支付的需求为"有效需求"。根据凯恩斯理论，需求大小一方面取决于消费者的消费欲望，另一方面也取决于消费者的消费能力。现代经济理论认为，人的欲望是无穷的，消费欲望作为欲望一种，也应当是无穷的。这样，有效需求就取决于消费者"支付能力"，即有没有足够多的收入和财富来满足消费需求。要鼓励消费者摒弃小富即安的惰性思想，提倡他们通过自己的勤奋努力创造更多的财富，用自己的双手改变自己的生活现状，在全社会激励形成勤劳、奋进的风尚，将合法劳动收入获得看成对个人和社会的贡献和责任。

（2）推崇消费者消费欲望的合理满足。人类无穷的欲望从某种程度来讲，是推动人类发展进步的不竭动力。拿消费欲望来讲，它同样是人们创造更多财富的动力。为了满足自身的消费欲望，消费者需要不断创造更多的财富来满足，当然，获得财富要通过正常途径，在法律与政策框架内合法合理地获得财富，这应当成为人们满足消费欲望的行为准则。从现实看，华人在世界范围内勤劳、积极向上的人生态度被推崇备至，这些是他们对待生活、人生积极态度的体现，他们创造财富的能力和态度也被赋予积极意义。在当代消费社会，我们对此应当进一步提倡和鼓励。作为个体，不能一味压抑自己的消费欲望，而应当通过树立积极创造财富的理念来获得更多财富、满足更多消费需求，只要是自己通过勤劳的双手获得合法的收入或财富，只要不是对不可再生资源的浪费的消费需求，都应当鼓励。

8.2.8　倡导居民以消费升级提升生活品质

（1）以消费升级促进生活品质提升是"人本思想"的基本要义。新型城镇化的核心是人的城镇化，其终极目标应当是在马克思"人本思想"指导下的"人的全面发展"。判断在新型城镇化过程中道路是否正确、所做工作是否必要的基本标准就是进入城镇的群体是否能够获得良好的生活体验，生活质量是不是得到了改善。认识到消费升级是生活品质升级的重要体现，特别是从物质层面提升生活质量的核心，不应当将两者割裂或对立起来。这是一种积极的生活理念，它有利于人们通过自身努力满足合理的需求，将个人物质需要满足同精神需要满足结合起来，同个人的心里感受和主观需要结合起来，并为之努力、奋斗。这既是个人实现自我发展的需要，也是解放生产力、发展生产力的需要。马克思主义者认为，解放人、实现人生幸福是经济发展的根本意义。经过改革开放 40 多年的发展，我国经济经历了一个较长历史时期的增长，生产力水平已经得到了较大提升，但同时也面临着产业转型升级、寻求新增长点，全球经济不景气及贸易保护主义抬头对我国外向型经济发展模式造成冲击等问题。在这种背景下，一方面我国低端产业产能过剩问题严重；另一方面，居民高质量的消费需求无法完全得到满足。其实，这也是加快新型城镇化建设中消费提升的一个良好机遇和内生动力，那就是尽可能创造更多可满足居民消费升级的产品和服务，用消费结构改变、消费需求满足提升生活质量，这样，既解决了经济增长的内生动力问题，又为促进人的全面发展增砖添瓦。

（2）从生活品质提升角度倡导居民消费升级。在马克思"人本思想"指导下，将消费升级看成生活品质提升之理念的倡导，有利于形成消费者对消费水平和消费层次的不断超越，有利于消费者积极追求高质量的生活，有利于全社会消费需求提升，也有利于拉动产业转型升级。消费质量提升促进居民生活质量提高是一个不难理解的问题，因为消费过程本来就是需求的满足过程。从经济层面看，居民的生活质量是与居民幸福相关的一个概念，而幸福与效用满足程度有关，居民消费是满足其效用的主要路径。[255] 消费与生活质量共进的城镇化思路就是用消费来促进生活质量提升，以消费质量提升促进城镇产业升级，以产业的升级促进经济的长期健康发展。这就要求消费者摒弃传统的对追求高品质消费的压抑，应当通过自身努力，将个人生活品质提升与消费结合起来。人的欲望产生于人的需要，当物质形态被人所意识时，需要就转化为欲望，欲望是人对需要的心理体验。[273] 阿诺德（Arnold，1991）将影响生活质量的因素概括为主观感受与客观条件两方面。[274] 主观方面强调个人心理感受，客观方面强调物质、环境等相关因素。[275] 但是，无论是主观还是客观都离不开物质基础，马克思指出："人们为了能够'创造历史'，必须能够生活。为了生活，首先就需要吃喝住穿及其他一些东西。"[276] 可见，物质基础是幸福生活的源泉。

8.3　研究不足及进一步研究展望

8.3.1　本书存在的不足

本书主要从经济学视角出发，以消费理论、城镇化理论及新型城镇化本质为理论起点，分析新型城镇化驱动居民消费的机理。然而，由于新型城镇化内涵的宽泛性，造成了对新型城镇化认识的局限性。受研究者知识及学术能力限制，对新型城镇化驱动居民消费之效应分析可能并未全面涵盖实际作用路径之全部，这需要在以后研究中不断加深理论高度，在提高理论水平的基础上拓宽视野，做出更加全面、深入的探索。

从实证研究看，由于数据所限，本书仅选取分省宏观统计数据为样本进行研究，但居民消费往往存在微观个体间的异质性，宏观数据可能会掩盖一些更加明晰而具体的信息。此后的研究中要通过实地调查等方式尽可能地获得个人或家庭微观数据，并将宏观、微观数据相结合获得更多信息，为新型城镇化驱动居民消费提供更加准确建议。

8.3.2　进一步研究展望

学术探究之路漫长而深远，本书对相关问题研究犹如沧海一粟，尚有很多问题需要深入和拓展，以我们的能力所及和研究视野来看，以下五方面的研究还需要进一步拓展。

第一，从"需求决定供给"还是"供给决定需求"之争看研究方向拓展。本书基于凯恩斯主义"需求决定论"出发，认为需求创造供给，并在这一理论前提下，从个体满足、欲望、能力、收入、公共服务、消费者习惯等"需求侧"进行探讨。而理论现实是："供给决定需求"还是"需求决定供给"是一个充满哲学色彩的争议性问题，在供给学派"萨伊定律"和需求学派"凯恩斯主义"范式下，尚无法得到完全一致的意见。那么，在"供给决定需求"情况下，新型城镇化又该如何驱动居民消费呢？这一问题尚需要进一步探讨。

第二，从驱动效应认识的有限性看研究方向拓展。新型城镇化驱动了中国居民消费，这是通过格兰杰因果关系这种统计学方法在本书验证的结论。新型城镇化和居民消费犹如两种"化学元素"，消费增加是"化学反应"的结果，但它们之间如何发生"化学反应"这一过程是一个需要探讨的机理问题。诚然，本书做出了探索性假设，认为其是通过一系列效应发挥作用，并进行了实证检验。但是，我们所触及的范畴及深度是否涵盖了这些"化学反应"的全部呢？是否还有其他效应也参与了驱动居民消费增加呢？这也是一个短期内无法盖棺定论的问题，需要进一步做出探索。

第三，从新型城镇化内涵宽泛看研究方向拓展。城镇化是一个成熟的理论名词，但新型城镇化在我国是一个政策议题，其概念无法在经济学理论界找到明确共识。在这种情况下，我们对新型城镇化认识也只能根据政策意图、政策实践去揣摩，而无法运用理论去精确刻画，这对我们认识新型城镇化及新型城镇化驱动消费会产生一定制约。因此，对新型城镇化的理论认识还有待于进一步加深。

第四，从消费影响因素之众看研究方向拓展。我们从消费的经典理论出发，结合新型城镇化对消费因素存在的可能影响进行了理论与实证探讨。但是，迄今为止，以消费理论和实证检验结果看，影响消费因素之众是不可否认的事实。例如，家庭结构、文化背景、利率、人口学特征等，均可能影响居民消费。本书择其重点，仅从收入视角、消费习惯视角、公共支出视角三方面进行了有限度的探讨，若从其他视角进行探讨同样具有现实意义。

　　第五，从理论可行性和现实差异性看研究方向拓展。本书的研究既有运用传统经典理论进行逻辑推理的一面，也有运用中国居民特定期限内相关统计数据实证的一面，并根据研究结论提出了针对性建议，但这些制度及理念设计是否在实践中会产生确定的效果？是否能够顺利地推进？有待在实践中检验，并在检验中不断修正。

参 考 文 献

［1］国务院发展研究中心《进一步化解产能过剩的政策研究》课题组. 当前我国产能过剩的特征、风险及对策研究［J］. 管理世界, 2015 (4): 1 - 10.

［2］王平, 王琴梅. 新型城镇化的经济增长效应及其传导路径［J］. 新疆大学学报 (社会科学版), 2015 (6): 1 - 8.

［3］Northam, R. M. Urban Geography［M］. NewYork: John Wiley & Sons, 1975: 66.

［4］［德］冯·杜能. 孤立国同农业和国民经济的关系［M］. 吴衡康, 译. 北京: 商务印书馆, 1986.

［5］［德］阿尔弗雷德·韦伯. 工业区位论［M］. 李刚剑, 译. 北京: 商务印书馆, 1997.

［6］［德］克里斯泰勒. 德国南部的中心地理［M］. 常正文, 王兴中等, 译. 北京: 商务印书馆, 2010.

［7］踪家峰. 城市与区域经济学［M］. 北京: 北京大学出版社, 2016: 17 - 31.

［8］Lewis, W. A. Economic Envelopment with Unlimited Supplies of Labor［J］. Manchester School of Economic and Social Studies, 1954, 22 (2): 131 - 191.

［9］Ranis G. and John C. H. Fei . A Theory of Economic Development［J］. The American Economic Review, 1961, 51 (4): 533 - 565.

［10］Jorgenson, D. W. The Development of a Dual Economy［J］. Economic Journal, 1961, 71 (282): 309 - 334.

［11］Todaro, M. P. A Model of Labour Migration and Urban Unemployment in Less Developed Countries［J］. The American Economic Review, 1969, 59 (1): 138 - 148.

［12］［美］费景汉, 古斯塔夫·拉尼斯. 增长和发展: 演进观点［M］. 洪银兴, 郑江淮, 译. 北京: 商务印书馆, 2004: 109 - 112.

［13］［英］威廉·配第. 政治算术［M］. 马妍, 译. 北京: 中国社会科学出版社, 2010: 11.

[14] Colin G. Clark. The Conditions of Economic Progress [M]. London: Macmillan, 1940.

[15] Francois Perroux. A note on the Elynamics of Dominance [J]. Applied Economy, 1950 (2): 48 - 76.

[16] Myrdal, G. Economic Theory and Under-developed Regions [M]. London: Duckworth, 1957.

[17] Hirschman, A. O. The Strategy of Economic Development [M]. New Heaven: Yale University Press, 1958.

[18] Friedmann, A. J. Regional development policy: a case study of Venezuela [M]. Cambridge: The MIT Press, 1966.

[19] Keynes, J. M. The General Theory of Employment, Interest and Money [M]. London: MacMillan, 1936.

[20] Duesenberry, J. S. Income, Saving, and the Theory of Consumer Behavior [M]. Cambridge: Harvard University Press, 1949.

[21] Friedman, M. A Theory of the Consumption Function [M]. New Jersey: Princeton University Press, 1957.

[22] Modigliani, F. and R. Brumberg. Utility Analysis and the Consumption Function: An Interpretation of Cross-section Data [M]. New Jersey: Rutgers University Press, 1954.

[23] Hall, R. E. Stochastic Implications of Life Cycle-Permanent Income Hypothesis: Theory and Evidence [J]. Journal of political Economy, 1978, 86 (6): 971 - 987.

[24] Flavin, M. Excess Sensitivity of Consumption to Current Income, Liquidity Constraints or Myopia [J]. Canadian Journal of Economics, 1985, 18 (1): 117 - 136.

[25] Caballearo, R. J. Consumption Puzzles and Precautionary Savings [J]. Journal of Monetary Economics, 1990, 25 (1): 113 - 136.

[26] Dynan, K. E. How Prudent are Consumers [J]. Journal of Political Economy, 1993, 101 (6): 1104 - 1113.

[27] Hubbard, G. R. , J. Skinner and S. P. Zeldes. Precautionary Saving and Social Insurance [J]. Journal of Political Economy, 1995, 103 (2): 360 - 399.

[28] Zeldes, S. P. Consumption and Liquidity Constraints: An Empirical Investigation [J]. Journal of Politics, 1989, 97 (2): 305 - 346.

[29] Jappelli, T and M. Pagano. Saving, Growth and Liquidity Constraints

[J]. Quarterly Journal of Economics, 1994, 109 (1): 83 – 109.

[30] Deaton, A. Savings and Liquidity constraints [J]. Econometric, 1991, 59 (5): 1221 –1248.

[31] Carroll, C. D., E. H. Robert and S. P. Zeldes. The Buffer-Stock Theory of Saving: Some Macroeconomic Evidence [J]. Brookings Papers on Economic Activity, 1992 (2): 61 – 156.

[32] Campbell, J. and G. Mankiw. The Response of Consumption to Income: ACross-Country Investigation [J]. European Economic Review, 1991, 35 (4): 757 –764.

[33] Alessie, R. & F. Teppa. Saving and Habit Formation: Evidence from Dutch Panel Data [J]. Empiral Economics, 2010, 38 (2): 385 –407.

[34] Baiardi, D., M. D. Donno, M. Magnani, et al. New results on precautionary saving under two risks [J]. Economics Letters, 2015, 130 (5): 17 – 20.

[35] Rostow, W. W. Stages of Economic Growth: A Non-Communist Manifesto [M]. Cambridge: Cambridge University Press, 1960: 4 – 16.

[36] Rostow, W. W. Politics and the Stage of Growth [M]. Cambridge: Cambridge University Press, 1971: 410.

[37] [美] 钱纳里, [以] 塞尔昆. 发展的型式 (1950—1970) [M]. 李新华等, 译. 北京: 经济科学出版社, 1988: 78 –82.

[38] Blyth C A, Kuznets, S. Economic Growth of Nations: Total Output and Production Structure [J]. Economica, 1973, 40 (160): 457.

[39] Bunyan, S., A. Collins and G. Torrisi. Analysing Household and Intra-urban Variants in the Consumption of Financial Services: Uncovering "Exclusion" in an English City [J]. Journal of Consumer Policy, 2016, 39 (2): 199 –221.

[40] Carroll, C. D. Risky Habits and the Marginal Propensity to Consume Out of Permanent Income [J]. International Economic Journal, 2000, 14 (4): 1 –41.

[41] Stark, O. and J. E. Taylor. Migration Incentives, Migration Types: The Role of Relative Deprivation [J]. 1991, 101 (408): 1163 –1178.

[42] Black, D. and J. V. Henderson. A Theory of Urban Growth [J]. Journal of Political Economy, 1999, 107 (2): 252 –284.

[43] Waldfogel, J. Preference Externalities: An Empirical Study of Who Benefits Whom in Differentiated—Product Markets [J]. Nber Working Papers, 1999, 34 (3): 557 –568.

[44] Gleaser, E. L. , J. Kolko and A. Saiz. Consumer City [J]. Journal of Economic Geography, 2001, 1 (1): 27 – 50.

[45] 王向明. 从国外城市化的新趋向看我国的城市化 [J]. 经济学动态, 1984 (5): 25 – 29.

[46] 叶克林, 陈广. 小城镇发展的必然性 [J]. 经济研究, 1985 (5): 62 – 67.

[47] 费孝通. 小城镇的发展在中国的社会意义 [J]. 瞭望周刊, 1984 (32): 8 – 10.

[48] 王小鲁, 夏小林. 优化城市规模 推动经济增长 [J]. 经济研究, 1999 (9): 22 – 29.

[49] 于晓明. 对中国城市化道路几个问题的思索 [J]. 城市问题, 1999 (5): 12 – 16.

[50] 杨波, 朱道才, 景治中. 城市化的阶段特征与我国城市化道路的选择 [J]. 上海经济研究, 2006 (2): 34 – 39.

[51] 辜胜阻, 李华, 易善策. 城镇化是扩大内需实现经济可持续发展的引擎 [J]. 中国人口科学, 2010 (3): 2 – 10.

[52] 蔡之兵, 张可云. 大城市还是小城镇? [J]. 天府新论, 2015 (2): 89 – 96.

[53] 蔡继明, 高宏, 刘媛. 城市化路径选择: 大城市优先还是小城镇优先 [J]. 河北学刊, 2017, 37 (6): 140 – 146.

[54] 牛文元. 中国特色城市化报告 [M]. 北京: 科学出版社, 2012: 261 – 263.

[55] 仇保兴. 新型城镇化: 从概念到行动 [J]. 行政管理改革, 2012 (11): 11 – 18.

[56] 王发曾. 从规划到实施的新型城镇化 [J]. 河南科学, 2014, 32 (6): 919 – 924.

[57] 倪鹏飞. 新型城镇化的基本模式、具体路径与推进对策 [J]. 江海学科, 2013, 1: 87 – 94.

[58] 王博宇, 谢奉军, 黄新建. 新型城镇化评价指标体系构建 [J]. 江西社会科学, 2013 (8): 72 – 76.

[59] 张占斌, 黄锟. 我国新型城镇化健康状况的测度与评价 [J]. 经济社会体制比较, 2014 (6): 32 – 42.

[60] 徐林, 曹红华. 从测度到引导: 新型城镇化的 "星系" 模型及其评价体系 [J]. 公共管理学报, 2014 (1): 65 – 74.

［61］隋平. 新型城镇化的模式及路径研究［J］. 学术论坛, 2013 (8):
144 –148.

［62］宋林飞. 中国特色新型城镇化道路与实现路径［J］. 甘肃社会科
学, 2014 (1): 1 –5.

［63］姚士谋. 中国新型城镇化理论与实践问题［J］. 地理科学, 2014,
34 (6): 641 –647.

［64］仇保兴. 中国特色的城镇化模式之辨——"C 模式"［J］. 城市发
展研究, 2009 (1): 1 –7.

［65］王政霞. 中国居民消费需求不足的现状及成因研究综述［J］. 经济
学动态, 2003 (4): 49 –52.

［66］方福前. 中国居民消费需求不足原因研究［J］. 中国社会科学,
2009 (2): 68 –82.

［67］王小华, 温涛, 朱炯. 习惯形成、收入结构失衡与农村居民消费行
为演化研究［J］. 经济学动态, 2016 (10): 39 –49.

［68］尹世杰. 我国当前扩大消费需求的几个问题［J］. 经济学动态,
2000 (5): 3 –7.

［69］藏旭恒, 张继海. 收入分配对中国城镇居民消费需求影响的实证分
析［J］. 经济理论与经济管理, 2005 (6): 5 –10.

［70］吕冰洋, 郭庆旺. 中国要素收入分配的测算［J］. 经济研究, 2012
(10): 27 –40.

［71］刘东皇, 沈坤荣. 劳动收入占比与居民消费率: 机理与中国经验
［J］. 社会科学研究, 2017 (1): 15 –21.

［72］董辅礽. 解决有效需求不足的体制原因［J］. 经济学动态, 2002
(7): 4 –6.

［73］邰秀军, 李树苗, 李聪等. 中国农户谨慎性消费策略的形成机制
［J］. 管理世界, 2009 (7): 85 –92.

［74］万广华, 张茵, 牛建高. 流动性约束、不确定性与中国居民消费
［J］. 经济研究, 2001 (11): 35 –44.

［75］林晓楠. 消费信贷对消费需求的影响效应分析［J］. 财贸经济,
2007 (11): 27 –31.

［76］唐绍祥, 汪浩瀚, 徐建军. 流动性约束下我国居民消费行为的二元
结构与地区差异［J］. 数量经济技术经济研究, 2010 (3): 81 –95.

［77］李江一, 李涵. 消费信贷如何影响家庭消费?［J］. 经济评论,
2017 (2): 113 –126.

[78] 臧旭恒, 曲创. 公共物品供给效率与地方政府经济职能 [J]. 求是学刊, 2002 (5): 60 - 64.

[79] 朱诗娥. 我国农村居民消费与城镇居民消费的对比分析 [J]. 消费经济, 2007 (4): 46 - 49.

[80] 张书云, 周凌瑶. 公共物品供给对农村居民消费影响的实证分析——基于农村面板数据 [J]. 北京理工大学学报: 社会科学版, 2011 (6): 54 - 57.

[81] 冉光和, 李涛. 基础设施投资对居民消费影响的再审视 [J]. 经济科学, 2017 (6): 45 - 57.

[82] 汪利娜. 加快城市化: 启动消费的现实选择 [J]. 经济学动态, 2001 (9): 37 - 40.

[83] 胡日东, 苏梽芳. 中国城镇化发展与居民消费增长关系的动态分析——基于 VAR 模型的实证研究 [J]. 上海经济研究, 2007 (5): 58 - 65.

[84] 蒋南平, 朱琛, 王向南. 中国城镇化与农村消费启动 [J]. 消费经济, 2011 (1): 23 - 26.

[85] 赵永平, 徐盈之. 新型城镇化、制度变迁与居民消费增 [J]. 江西财经大学学报, 2015 (6): 3 - 13.

[86] 柳建平, 张永丽. 劳动力流动对贫困地区农村经济的影响 [J]. 中国农村观察, 2009 (3): 63 - 74.

[87] 万勇. 城市化驱动居民消费需求的机制与实证——基于效应分解视角的中国省级区域数据研究 [J]. 财经研究, 2012, 38 (6): 124 - 133.

[88] 刘厚莲. 人口城镇化、城乡收入差距与居民消费需求——基于省际面板数据的实证分析 [J]. 人口与经济, 2013 (6): 63 - 70.

[89] 雷潇雨, 龚六堂. 城镇化对于居民消费率的影响: 理论模型与实证分析 [J]. 经济研究, 2014 (6): 44 - 57.

[90] 姚星, 杜艳, 周茂. 中国城镇化、配套产业发展与农村居民消费拉动 [J]. 中国人口、资源与环境, 2017, 27 (4): 41 - 48.

[91] 潘明清, 高文亮. 我国城镇化对居民消费影响效应的检验与分析 [J]. 宏观经济研究, 2014 (1): 118 - 125.

[92] 樊纲, 王小鲁. 消费条件模型和各地区消费条件指数 [J]. 经济研究, 2004 (5): 13 - 21.

[93] 刘艺容. 中国城市化水平与消费增长的实证分析 [J]. 湖南社会科学, 2008 (2): 99 - 103.

[94] 李通屏, 程胜, 倪琳等. 中国城镇化的消费效应研究 [J]. 中国人

口科学, 2013 (3): 19 – 27.

[95] 周建, 杨秀祯. 我国农村消费行为变迁及城乡联动机制研究 [J]. 经济研究, 2009 (1): 83 – 95.

[96] 王国刚. 城镇化: 中国经济发展方式转变的重心所在 [J]. 经济研究, 2010 (12): 70 – 81.

[97] 姜百臣, 马少华, 孙明华. 社会保障对农村居民消费行为的影响机制分析 [J]. 中国农村经济, 2010 (11): 32 – 39.

[98] 纪江明, 张乐天, 蒋青云. 我国城乡社会保障差异对居民消费影响的实证研究 [J]. 上海经济研究, 2011 (1): 46 – 53.

[99] 韩立岩, 杜春越. 收入差距、借贷水平与居民消费的地区及城乡差异 [J]. 经济研究, 2012 (S1): 15 – 27.

[100] 廖直东, 宗振利. 收入不确定性、乡城移民消费行为与城镇化消费效应——基于微观数据的审视 [J]. 现代财经, 2014 (4): 27 – 36.

[101] 刘铠豪. 人口年龄结构变化影响城乡居民消费率的效应差异研究 [J]. 人口研究, 2016, 40 (2): 98 – 113.

[102] 何炼成. 中国发展经济学概论 [M]. 北京: 高等教育出版社, 2001: 61.

[103] 赵伟. 城市经济理论与中国城市发展 [M]. 武汉: 武汉大学出版社, 2005: 54 – 55.

[104] 辜胜阻等. 中国特色城镇化道路研究 [J]. 中国人口·资源与环境, 2009 (1): 47 – 52.

[105] 牛文元. 中国新型城市化报告 [M]. 北京: 科学出版社, 2009: 364.

[106] 李程骅. 科学发展观指导下的新型城镇化战略 [J]. 求是, 2012 (14): 35 – 37.

[107] 单卓然, 黄亚平. "新型城镇化" 概念内涵、目标内容、规划策略及认知误区 [J]. 城市规划学刊, 2013 (2): 16 – 22.

[108] 王平, 王琴梅. 新型城镇化驱动居民消费的效应机理与实证 [J]. 广东财经大学学报, 2016 (2): 67 – 76.

[109] 马克思, 恩格斯. 马克思恩格斯全集 (第46卷) (上) [M]. 北京: 人民出版社, 1979: 480.

[110] 马克思, 恩格斯. 马克思恩格斯选集 (第2卷) [M]. 北京: 人民出版社, 1957: 296.

[111] [美] 塞缪尔·亨廷顿. 变化社会中的政治秩序 [M]. 王冠华等,

译. 北京：三联书店，1989：66.

[112] 胡若痴. 中国新型城镇化下的消费增长动力研究 [M]. 北京：经济科学出版社，2014：58.

[113] 列宁. 列宁全集（第19卷）[M]. 北京：人民出版社，1972：264.

[114] 马克思，恩格斯. 马克思恩格斯全集（第23卷）[M]. 北京：人民出版社，1972：552.

[115] 马克思，恩格斯. 马克思恩格斯选集（第1卷）[M]. 北京：人民出版社，1995：104，240，243.

[116] Lefebvre H, Enders M J, Reflection on the Politics of Space [J]. Antipode, 1976 (8)：30 - 37.

[117] 庞明礼，张凤. 被动式城镇化的社会稳定风险：一个政治经济学分析框架 [J]. 经济社会体制比较，2015 (4)：68 - 75.

[118] 马克思. 资本论（第3卷）[M]. 北京：人民出版社，1972：992.

[119] 马克思，恩格斯. 马克思恩格斯选集（第3卷）[M]. 北京：人民出版社，1995：303，523.

[120] 孙祁祥. 城镇化对经济增长作用的再审视——基于经济学文献的分析 [J]. 经济学动态，2013 (11)：20 - 28.

[121] 魏后凯. 走中国特色新型城镇化道路 [M]. 北京：社会科学文献出版社，2014：13.

[122] 宋涛. 政治经济学教程 [M]. 北京：中国人民大学出版社，2016：10 - 11.

[123] 洪银兴，夏江. 马克思《资本论》选读 [M]. 南京：南京大学出版社，1999：941.

[124] 姚毓春. 人的城镇化的政治经济学逻辑 [J]. 当代经济研究，2014 (7)：22.

[125] 列宁. 列宁选集（第三卷）[M]. 北京：人民出版社 1995：843.

[126] 朱信凯，骆晨. 消费函数的理论逻辑与中国化：一个文献综述 [J]. 经济研究，2011 (1)：140.

[127] 方福前，俞剑. 居民消费理论的演进与经验事实 [J]. 经济学动态，2014 (3)：140 - 153.

[128] 冯金华，徐长生. 后凯恩斯主义的发展 [M]. 武汉：武汉大学出版社，1997：78.

[129] 罗晰文. 西方消费理论发展演变研究 [D]. 大连：东北财经大学，2014：70.

［130］Modigliani, F. & R. Brumberg. Utility analysis and the Consumption Function: An interpretation of Cross-Section Data ［A］. //Kurihara, K. K. Eds., Post-keynesian Economics, Rutgers University Press Brunswick, N J, 1954: 388 – 436.

［131］Modigliani, F. Life Cycle, Individual Thrift, and the Wealth of Nations ［J］. Science, 1986, 34 (4777): 704 – 712.

［132］赵萍. 消费经济学理论溯源 ［M］. 北京: 社会科学文献出版社, 2011: 105.

［133］Leland, H. E. Saving and uncertainty: The Precautionary Demand for Saving ［J］. Quarterly Journal of Economics, 1968, 82 (3): 465 – 473.

［134］Weil, P. Precautionary Savings and the Permanent Income Hypothesis ［J］. Review of Economic Studies, 1993, 60 (2): 367 – 383.

［135］Campbell, J. Y. and N. G. Mankiw. Consumption, Income and Interest Rates: Reinterpreting the Time Series Evidence ［J］. NBER Macroeconomics Annual, 1989 (4): 185 – 216.

［136］Ludvigson, S. Consumption and Credit: A Model of Time-Varying Liquidity Constraints ［J］. The Review of Economics and Statistics, 1999, 81 (3): 434 – 447.

［137］Madsen, J. & McAleer, M. Direct tests of the permanent income hypothesis under uncertainty, inflationary expectations and liquidity constraints ［J］. Journal of Macroeconomics, 2000, 22 (2): 229 – 252.

［138］Shefrin, H. M. & Thaler, R. H. The Behavioral Life-cycle Hypothesis ［J］. Economic Inquiry, 1988, 26 (4): 609 – 643.

［139］Chung, SH. & Herrnstein, R. Choice and Delay of Reinforcement ［J］. Journal of the Experimental Analysis of Behavior, 1967, 10 (1): 67 – 74.

［140］Phelps, E. S & Pollak, R. On Second-best National Saving and Game-Equilibrium Growth ［J］. Review of Economic Studies, 1968, 35 (2): 185 – 199.

［141］Harvey, C. M. Value Functions for Infinite-period Planning ［J］. Management Science, 1986, 32 (9): 1123 – 1139.

［142］Loewenstein, G. and D. Prelec. Anomalies in Intertemporal Choice: Evidence and an Interpretation ［J］. The Quaterly Journal of Economic, 1992, 107 (2): 573 – 597.

［143］马克思, 恩格斯. 马克思恩格斯选集 (第 1 卷) ［M］. 北京: 人民出版社, 1972: 32.

［144］马克思, 恩格斯. 马克思恩格斯全集 (第 30 卷) ［M］. 北京: 人

民出版社, 1995: 34.

[145] 洪银兴, 夏江. 马克思《资本论》选读 [M]. 南京: 南京大学出版社, 1999: 941.

[146] 马克思, 恩格斯. 马克思恩格斯全集 (第31卷) [M]. 北京: 人民出版社, 1998: 112.

[147] 马克思, 恩格斯. 马克思恩格斯选集 (第2卷) [M]. 北京: 人民出版社, 1995: 94 - 95, 114.

[148] 马克思, 恩格斯. 马克思恩格斯全集 (第3卷) [M]. 北京: 人民出版社, 2002: 297.

[149] 谭崇台. 发展经济学 [M]. 太原: 山西经济出版社, 2001: 279, 311.

[150] 朱国传. 区域经济发展: 理论、策略与管理创新 [M]. 北京: 人民出版社, 2007: 57 - 58.

[151] 安虎森. 区域经济学通论 [M]. 北京: 经济科学出版社, 2004: 108 - 122.

[152] 孙久文. 城市经济学 [M]. 北京: 中国人民大学出版社, 2016: 60 - 61.

[153] 洪银兴. 发展经济学与中国经济发展 [M]. 北京: 高等教育出版社, 2005: 48 - 52.

[154] 库茨涅茨. 现代经济增长 [M]. 戴睿, 译. 北京: 北京经济学院出版社, 1989: 235 - 246.

[155] 亚当·斯密. 国富论 (上卷) [M]. 郭大力, 王亚南, 译. 北京: 商务印书馆, 1972: 431 - 434.

[156] 西斯蒙第. 政治经济学新原理 [M]. 何钦译. 北京: 商务印书馆, 1964: 457.

[157] Bailey, M. J. National Income and the Price Level [M]. New York: McGrawl-Hill, 1971: 187.

[158] 陈宗胜. 发展经济学——从贫困走向富裕 [M]. 上海: 复旦大学出版社, 2000: 151.

[159] 黄宗智, 彭玉生. 三大历史性变迁的交汇与中国小规模农业的前景 [J]. 中国社会科学, 2007 (4): 75 - 88.

[160] 刘国风, 房婉欣. 2001—2009年中国居民财富的估算与统计分析 [J]. 中央财经大学学报, 2011 (5): 50 - 65.

[161] 胡永刚, 郭长林. 股票财富、信号传递与中国城镇居民消费 [J].

经济研究, 2012 (3): 115 - 126.

[162] 刘东皇. 居民消费与中国经济增长 [M]. 北京: 光明日报出版社, 2012: 53.

[163] 崔海燕, 范纪珍. 内部和外部习惯形成与中国农村居民消费行为 [J]. 中国农村经济, 2011 (7): 54 - 62.

[164] Carroll, C. Overland, J. and Weil, D. Saving and Growth with Habit formation [J]. American Economic Review 2000, 90 (3): 341 - 355.

[165] 雷钦礼. 财富积累、习惯、偏好改变、不确定性与家庭消费决策 [J]. 经济学 (季刊), 2009, 8 (3): 1030.

[166] 廖直东. 进城时长、示范效应与乡城移民家庭消费结构 [J]. 财经理论研究, 2014 (1): 21 - 28.

[167] 刘江. 中国消费环境对居民消费水平的影响 [J]. 华东经济管理, 2011, 25 (12): 37 - 40.

[168] 李林杰, 申波, 李杨. 借助人口城市化促进国内消费需求的思路与对策 [J]. 中国软科学, 2007 (7): 30 - 40.

[169] Ahmed, S. Temporary and Permanent Government Spending in an Open Economy: Some Evidence for United Kingdom [J]. Journal of Monetary Economics, 1986, 17 (2): 197 - 224.

[170] Ho, T. W. The Government Spending and Private Consumption: A Panel Integration Analysis [J]. International Review of Economic and Finance, 2001, 10 (1): 95 - 108.

[171] Kwan, Y. K. The Direct Substitution Between Government and Private Consumption in East Asian [R]. NBER Working Paper, 2006, NO. 12431.

[172] Campbell, J. Y. and Mankiw, G. N. Permanent Income, Current Income and Consumption [J]. Journal of Business and Economic Statistics, 1990, 8 (3): 265 - 279.

[173] Neih, C. C. and Ho, T. W. Does the Expansionary Government Spending Crowd Out the Private Consumption Cointegration Analysis in Panel Data [J]. The Quarterly Review of Economics and Finance, 2006, 46 (1): 133 - 148.

[174] Mountford, A. & Uhlig, H. What are the Effects of Fiscal Policy Shocks [J]. Journal of Applied Ecnometrics, 2009, 24 (6): 960 - 992.

[175] 戚晓旭, 杨雅维, 杨智尤. 新型城镇化评价指标体系研究 [J]. 宏观经济管理, 2014 (2): 51 - 54.

[176] 赵永平, 徐盈之. 新型城镇化发展水平综合测度与驱动机制研究

[J]. 中国地质大学学报：社会科学版，2014，14（1）：116 – 124.

[177] 朱喜安，魏国栋. 熵值法中无量纲化方法优良标准的探讨 [J]. 统计与决策，2015（2）：12 – 15.

[178] 陈昌兵. 城市化与投资率和消费率间的关系研究 [J]. 经济学动态，2010（9）：42 – 48.

[179] 靳庭良. Granger 因果关系检验应用中的若干问题 [J]. 数量技术经济研究，2015（4）：149 – 160.

[180] [美] 詹姆斯·杰卡德，罗伯特·图里西. 多元回归中的交互作用 [M]. 蒋勤译. 上海：格致出版社，2016：2，37 – 40.

[181] 孙皓，胡鞍钢. 城乡居民消费结构升级的消费增长效应分析 [J]. 财政研究，2013（7）：57 – 62.

[182] 文启湘. 消费经济学 [M]. 西安：西安交通大学出版社，2005：79 – 83.

[183] 郭鹏. 我国居民消费结构升级的相关问题研究 [J]. 江西社会科学，2007（11）：139 – 142.

[184] 毛中根，杨丽娇. 经济全球化背景下供给侧改革与居民消费结构升级 [J]. 财经科学，2017（1）：72 – 82.

[185] 范叙春. 收入增长、消费结构升级与产品有效供给 [J]. 经济与管理研究，2016，37（5）：16 – 24.

[186] 程莉，滕祥河. 人口城镇化质量、消费扩大升级与中国经济增长 [J]. 财经论丛，2016（3）：1 – 9.

[187] 张忠根，何凌霄，南永清. 年龄结构变迁、消费结构优化与产业结构升级 [J]. 浙江大学学报，2016，46（3）：81 – 94.

[188] 俞剑，方福前. 中国城乡居民消费结构升级对经济增长的影响 [J]. 中国人民大学学报，2015（5）：68 – 78.

[189] 徐敏，姜勇. 中国产业结构升级能缩小城乡消费差距吗？ [J]. 数量技术经济研究，2015（3）：3 – 21.

[190] 华淑蕊. 我国居民财产性收入差距、经济效应及影响因素研究 [D]. 长春：吉林大学，2016：95.

[191] 李涛，陈斌开. 家庭固定资产、财富效应与居民消费 [J]. 经济研究，2014（3）：62 – 75.

[192] 严金海，丰雷. 中国住房价格变化对居民消费的影响研究 [J]. 厦门大学学报：哲学社会科学版，2012（2）：71 – 78.

[193] 郑文兵. 关于“财富”的再认识与概念辨析 [J]. 湛江师范学院

学报，2011，32（5）：121-126.

[194] 辞海（第六版）[Z]. 上海：上海辞书出版社，2011：409.

[195] 色诺芬. 经济论——雅典的收入 [M]. 张伯健，陆大年，译. 北京：商务印书馆，1961：2-4.

[196] [英] 威廉·配第. 赋税论 [M]. 陈东野，译. 北京：商务印书馆，1963：71.

[197] 何小松. 财富效应：理论与现实 [J]. 经济问题，2003（2）：8-10.

[198] Ando A. and F. Modigliani. The Life Cycle Hypothesis of Savings：Aggregate Implications and Tests [J]. America Economic Reviews，1963，53（1）：55-84.

[199] Kalecki，M. Selected Essays on the Dynamics of the Capitalist Economy [M]. Cambrige：Cambridge University Press，1971.

[200] Weintraub，S. Distribution，Effective Demand and International Relations [M]. London：Palgrave Macmillan UK，1983.

[201] Blinder，A. S. Distribution effects and aggregate function [J] Political Economic，1975，83（3）：447-475.

[202] 程磊. 收入差距扩大与中国内需不足：理论机制与实证检验 [J]. 经济科学，2011（1）：11-24.

[203] 陈斌开. 收入分配与中国居民消费——理论和基于中国的实证研究 [J]. 南开经济研究，2012（1）：33-49.

[204] 钞小静，沈坤荣. 城乡收入差距、劳动力质量与中国经济增长 [J]. 经济研究，2014（7）：30-43.

[205] 杨耀武，杨澄宇. 中国基尼系数是否真地下降了？[J]. 经济研究，2015（3）：75-86.

[206] 刘东皇，沈坤荣. 要素分配、居民收入差距与消费增长 [J]. 经济学动态，2012（10）：47-51.

[207] 谢宇. 回归分析 [M]. 北京：社会科学文献出版社，2010：244-246.

[208] 翟天昶，胡冰川. 消费习惯形成理论研究述评 [J]. 经济评论，2017（2）：138-149.

[209] 杭斌. 习惯形成下的农户缓冲储备行为 [J]. 经济研究，2009（1）：96-105.

[210] 黄娅娜，宗庆庆. 中国城镇居民的消费习惯形成效应 [J]. 经济研究，2014，S（1）：17-28.

[211] Constantinides, G. Habit Formation: A Resolution of the Equity Premium Puzzle [J]. Journal of Political Economy, 1990, 98 (3): 519 – 543.

[212] Abel, A. Asset Prices under Habit Formation and Catching up with the Joneses [J]. American Economic Review, 1990, 80 (2): 38 – 42.

[213] Deaton, A. Understanding Consumption [M]. New York: Oxford University Press, 1992: 1 – 46.

[214] Naik, N. & Moor, M. Habit Formation and Intertemporal Substitution in Individual Food Consumption [J]. Review of Economics and Statistics, 1996, 78 (2): 321 – 328.

[215] 杭斌, 申春兰. 习惯形成下的缓冲储备行为 [J]. 数量经济技术研究, 2008 (10): 142 – 152.

[216] 闫新华, 杭斌. 内外部习惯形成及居民消费结构——基于中国农村居民的实证研究 [J]. 统计研究, 2010, 27 (5): 32 – 40.

[217] 齐全福, 王志伟. 北京市农村居民消费习惯实证分析 [J]. 中国农村经济, 2007 (7): 5 – 59.

[218] 贾男, 张亮亮. 城镇居民消费的"习惯形成"效应 [J]. 统计研究, 2011, 28 (8): 43 – 48.

[219] Arellano, M. and Bond, S. Some Tests of Specification for Panel Data: Monte Carlo Evidence and an Application to Employment Equations [J]. Review of Economic Studies, 1991, 58 (2): 277 – 297.

[220] 叶德珠, 连玉君, 黄有光等. 消费文化、认知偏差与消费行为偏差 [J]. 经济研究, 2012 (2): 80 – 92.

[221] 安体富, 梁朋, 岳树民. 公共财政学 [M]. 北京: 首都经济贸易大学出版社, 2003: 21.

[222] 王玉华. 中国财政支出结构调整与优化: 基于公共财政的框架 [M]. 上海: 上海三联书店, 2009: 30.

[223] 赵志耘. 财政支出经济分析 [M]. 北京: 中国财政经济出版社, 2002: 148.

[224] 洪银兴, 刘小川, 尚长风. 公共财政学 [M]. 南京: 南京大学出版社, 2003: 48.

[225] 陈共. 财政学 [M]. 北京: 中国人民大学出版社, 2015: 35 – 36.

[226] 刘小川, 汪利锬. 居民消费与最优政府支出: 理论与动态估计 [J]. 财贸经济, 2014 (7): 22 – 36.

[227] 谢旭人. 中国财政60年 (下卷) [M]. 北京: 经济科学出版社,

2009：539，590.

　　［228］Baily，M. J. National Income and the Price Level ［M］. New York：McGraw-hill，1971：187.

　　［229］Barro，R. J. Government Spending，Interest Rates，Prices and Budget Deficits in the United Kingdom ［J］. Journal of Monetary Economics，1987，20 （2）：221 – 247.

　　［230］Aschauer，D. A. Fiscal Policy and Aggregate Demand ［J］. America Economics Review，1985，75 （1）：117 – 127.

　　［231］Campbell，J. Y. and Mankiw，G. N. Perment Income，Current Income and Consumption ［J］. Journal of Business and Economic Statistics，1990，8 （3）：265 – 279.

　　［232］李光众. 财政支出与居民消费：替代还是互补 ［J］. 世界经济，2005 （5）：38 – 45.

　　［233］张治觉，吴定玉. 中国政府支出对居民消费产生引致还是挤出效应 ［J］. 数量技术经济研究，2007 （5）：53 – 61.

　　［234］刘东皇，沈坤荣. 公共支出与经济发展方式转变：中国的经验分析 ［J］. 财经科学，2010 （4）：5 – 13.

　　［235］杨智峰，陈霜华，吴化斌. 挤入还是挤出：中国公共投资支出对居民消的影响 ［J］. 中南财经政法大学学报，2013 （6）：60 – 159.

　　［236］谢建国，陈漓高. 政府支出与居民消费——一个基于跨期替代模型的中国经验分析 ［J］. 经济科学，2002 （6）：5 – 12.

　　［237］楚尔鸣，许先普. 消费习惯偏好、政府支出扩张效应与产出效应 ［J］. 财贸经济，2013 （8）：27 – 37.

　　［238］方福前，孙文凯. 政府支出结构、居民消费与社会总消费 ［J］. 经济学家，2014 （10）：35 – 44.

　　［239］陈冲. 政府公共支出对居民消费需求影响的动态演化 ［J］. 统计研究，2011，28 （5）：13 – 20.

　　［240］肖建华，黄蕾，肖文军. 社会性基本公共服务财政支出与居民消费关系的实证分析 ［J］. 财经理论与实践，2015，36 （2）：89 – 94.

　　［241］谢建国，陈漓高. 政府支出与居民消费 ［J］. 经济科学，2002 （6）：5 – 12.

　　［242］王健宇. 收入不确定性的测算方法研究 ［J］. 统计研究，2010，27 （9）：58 – 64.

　　［243］Galbraith，J. K. The Affluent Society ［M］. Boston：Houghton Mifflin

Co, 1958：212 –293.

［244］中国经济实验研究院城市生活质量研究中心. 高生活成本拖累城市生活质量满意度提高 ［J］. 经济学动态, 2012 (7)：25 –34.

［245］王志文, 卢萍. 中国居民消费分析与扩大消费策略研究 ［M］. 北京：中国社会科学出版社, 2016：85.

［246］朱信凯, 杨顺江. 中国农户短视消费行为分析 ［J］. 中国农村观察, 2001 (6)：17 –22.

［247］刘辉煌, 李峰峰. 动态耦合视角下的收入分配、消费需求与经济增长 ［J］. 中国软科学, 2013 (12)：58 –67.

［248］杜丹清. 互联网助推消费升级的动力机制研究 ［J］. 经济学家, 2017 (3)：48 –54.

［249］Feldstein, M. Social Security, Induced Retiement and Aggregate Capital Accumulation ［J］. Journal of Political Economy, 1974, 82 (5)：905 –926.

［250］方匡南, 章紫艺. 社会保障对城乡家庭消费的影响研究 ［J］. 统计研究, 2013 (3)：51 –58.

［251］陈冲. 收入不确定性的度量及其对农村居民消费行为的影响研究 ［J］. 经济科学, 2014 (3)：46 –60.

［252］国务院发展研究中心课题组. 中国民生调查 (2016) ［M］. 北京：中国发展出版社, 2016：36, 577.

［253］国务院发展研究中心课题组. 中国新型城镇化：道路、模式和政策 ［M］. 北京：中国发展出版社, 2014：3.

［254］叶德珠. 东亚国家高储蓄、低消费之谜的行为经济学解析 ［J］. 亚太经济, 2008 (3)：15 –18.

［255］李实. 中国经济发展中的--道灰色的风景线——评《中国转轨时期劳动力流动》［J］. 经济研究, 2007 (1)：154 –157.

［256］周文, 赵方, 杨飞等. 土地流转、户籍制度改革与中国城市化：理论与模拟 ［J］. 经济研究, 2017 (6)：183 –197.

［257］谢冬水. 劳动力迁移、农地制度与土地使用权流转 ［J］. 经济与管理研究, 2012 (3)：59 –64.

［258］宁爱凤. 农村土地流转的制度障碍与对策研究 ［J］. 理论探讨, 2010 (1)：92 –95.

［259］邵光学. 新型城镇化背景下户籍制度改革探析 ［J］. 上海经济研究, 2015 (2)：42 –45.

［260］罗颖, 郑逸芳, 许佳贤. 土地信托流转主体行为分析及风险管理

[J]. 中南林业科技大学学报：社会科学版，2017，11（4）：41 – 46.

[261] 熊金武. 中国城市化背景下土地市场化机制设计与改革逻辑 [M]. 大连：东北财经大学出版社，2015：24.

[262] [英] 约翰·梅纳德·凯恩斯. 就业、利息与货币通论 [M]. 宋韵声，译. 北京：华夏出版社，2005：24.

[263] 王小鲁. 国民收入分配战略 [M]. 海口：海南出版社，2013：10.

[264] Simon Kuznets. Economic Growth and Income Inequality [J]. The American Economic Review，1955，45（1）：1 – 28.

[265] 房爱卿，范剑平，朱小良. 我国消费需求发展趋势和消费政策研究 [M]. 北京：中国经济出版社，2006：1 – 14.

[266] 王宁. 从苦行者社会到消费社会 [M]. 北京：社会科学文献出版社，2009：42，206 – 207

[267] 邓小平. 邓小平文选（第二卷）[M]. 北京：人民出版社，1994：130.

[268] Deborah，Davis. Urban Consumer Culture [J]. The China Quarterly，2005，183：692 – 709.

[269] 青连斌. 中国民生建设的路径 [M]. 北京：中共中央党校出版社，2013：46.

[270] [美] 约瑟夫·熊彼特. 经济发展理论 [M]. 郭武军，吕阳，译. 北京：华夏出版社，2015：115 – 119.

[271] 李仲飞. 创新型城市建设的理论与实践 [M]. 北京：科学出版社，2014：6.

[272] 田芯. 中国社会可持续发展的消费伦理研究 [D]. 大连：大连海事大学，2013：34 – 43.

[273] 高延春. 马克思幸福论 [M]. 北京：科学出版社，2015：138.

[274] Arnold. Measurement of Quality of Life in the Frail Elderly [C] // J. E. Birren（ed.）The Concept and Measurement of Quality of Life in the Frail Elderly [A]. San Diego，CA：Academic Press Inc，1991：55.

[275] 王平. 社会保障、自我保障与居民生活质量——基于居民消费视角的实证 [J]. 四川理工学院学报：社会科学版，2017，32（4）：32 – 47.

[276] 中共中央编译局. 马克思恩格斯选集（第 1 卷）[M]. 北京：人民出版社，1995：79.

后　记

　　本书是在我的博士毕业论文的基础上修改而成的。四年的博士生涯是我人生中的重要经历，既有学业的收获，也有师生、同学、同事、亲情等情谊的感动。在这四年的学业生涯中，虽没有闲庭漫步的惬意，也没有亦步亦趋的落魄，唯有一段行将结束的经历和诚惶诚恐的"博士"头衔。然而，倍感欣慰的是在这一段不长也不短的时间内收获的温暖与感激，让我顿觉世间美好概因为有那么多与你有交集者给予的温暖和守望相助！

　　"甘做人梯，从师倡德。"感谢导师王琴梅老师！王老师是一个师德高尚、严谨治学的好老师，遇见王老师是我人生之幸，更是以后教师生涯的一面旗帜，她的高度需我用尽一生去高攀！不知多少个日日夜夜，王老师伏案劳作，字斟句酌，甚至连一个标点符号都不放过地帮学生修改一篇篇论文，一稿、二稿、三稿、四稿……，王老师总是不厌其烦。尤其是毕业论文，老师更是倾注了大量心血，从选题到开题，从开题到撰写，从撰写到数次的修改完善，每一步都离不开老师的鼓励和扶持，总是在一次次的焦虑困顿中得到了老师"拨云见日"的启发抑或宽慰。这是老师对学术的严谨，对学生的负责，更是她高尚师德的具体体现！老师不知牺牲了多少个陪伴家人、休憩放松的日日夜夜为学生搭建人梯，我仿佛看到了老师在万家灯火之际仍然不知疲倦地坐在电脑旁伏案工作的身影！您在键盘上敲出的何止是字？那分明是您用心血为学生铸成的坚实的人生道路！

　　"桃李不言，下自成蹊。"在王琴梅老师的感召和人格魅力吸引下，同门师弟、师妹们相聚1423，这是一个团结、互助、既严肃又活泼的集体。感谢曾经来过这里的每一位给予我的帮助和提供的归属感，同门情谊终生难忘！和王敏、李娟、崔璨几位博士生师妹的讨论使我获益匪浅，相互激励和学习是一件幸福、快乐的事，有时候关心也许就是在你遇到困难时几句宽慰的话。与同一年入校的14级硕士研究生交集颇多，他们在开题等时刻为我提供了许多帮助，和他们的交流让我感受到了思想的活力和张力，在此不一一列举他们的姓名了，感谢你们！

　　"一片树叶，从天到壤。"感谢我的家人，你们永远是我坚强的后盾！父母亲为帮我照看孩子背井离乡，从未有一点怨言，从未有一丝一毫索求，还生怕给我们增添一点点负担！"老母一百岁，常念八十儿"，有了父母亲的牵挂，我仍然能体会到做儿子的幸福！感谢我的妻子，她是一位贤惠、善良的好妻子！结婚十多年来默默为这个家付出了太多、太多…，教育孩子的重担几乎全压到她一个人肩上，特别是女儿出生后，她近乎以透支身体的方式支撑着一切！她和父母亲的融洽相处，更能让我安心地投入学习中去，与她之间何止是爱情，有懂事的儿子、可爱的女儿这一纽带，我们之间早已变成了无坚不摧的亲情！你们是幕后功臣，这个军功章，有一大半是你们的！

　　2014级博士生同学吴雪、卓玛草、李斌、孙军娜、张强、鲜路一起构建了一个温暖的大家庭，每每和他们交流碰撞总能产生思想的火花，一句句玩笑成了排解压力的良药。和吴雪、卓玛草等同学的探讨使我获益良多，吴雪与其老公程旭先生在我学习期间给予了生活上无微不至的关照，让我倍感温暖，也收获了满满的友谊，感谢你们！我将永远珍重此生最后一次的同学情谊！

　　此外，甘肃政法大学对我学业的支持解除了我的许多后顾之忧，保证了我能安心学习、潜行学术研究。经济管理学院各位领导的关心、各位同仁的默默分担，给了我充足的学习时间，感谢你们的帮助和辛劳付出！

　　理性的消费者通过配置一生收入去平滑自己的消费，而你们的融入，让我的博士生涯更加"平滑"，我愿也不愿一生去"消费"你们给予的温情，但我更感到作为一个"生产者"的责任。在感情的世界里，没有刻意去划分生产与消费，但生活质量提升是我们共同的夙愿，祝福你们——我生命中的风景！

王　平

2020 年 3 月